K. F. von Justin

Geschichte des, durch die französische Revolution,

zwischen dem größten Theile der Europäischen Mächte und der

Französischen Nation veranlaßten Krieges

K. F. von Justin

Geschichte des, durch die französische Revolution,
zwischen dem größten Theile der Europäischen Mächte und der Französischen Nation veranlaßten Krieges

ISBN/EAN: 9783743448742

Hergestellt in Europa, USA, Kanada, Australien, Japan

Cover: Foto ©ninafisch / pixelio.de

Weitere Bücher finden Sie auf **www.hansebooks.com**

Geschichte

des,

durch die Französische Revolution,

zwischen dem größten Theile der Europäischen Mächte und der Französischen Nation veranlaßten Krieges.

Dritter Feldzug

der Kaiſ. Königl. und Kaiſ Reichs, Königl. Preußischen, Großbritannisch-Hannövrisch-Heßischen, Spanisch-Portugiesischen, Neapolitanischen, Sardinischen und Holländischen Armeen, vom Jahre 1794.

Von

B. F. von Juſtin,

der Kaiserlichen Franzisischen Reichsakademie Rath und Ehrenmitglied.

Mit allergnädigstem Kaiſ. Druckprivilegio.

Regensburg 1795.

Thatenreich und blutig hatte sich der 1793ste Feldzug des französischen Revolutionskrieges angefangen, und thatenreich und blutig hatte sich das Jahr geendigt. Nach so vieler Anstrengung und nach der Erfahrung voriger Kriege zu urtheilen, hätte man glauben sollen, es würde der ermüdeten Menschheit nun wenigstens einige Ruhe gegönnet werden. Aber einzig, wie dieser Krieg in jedem Betrachte ist, so war er es auch darinn, daß den Armeen ruhige Winterquartiere, wie sonst gewöhnlich, nicht verschaft werden konnten, indem der kleine Krieg, auch zu Anfang des 1794 Jahrs, mit eben so großer Lebhaftigkeit zwischen den allirten und französischen Armeen fortgesetzt wurde, als er nur immer zu Ende des vorigen Jahrs geführt worden war. Tägliche ruinirende Vorpostengefechte traten an die Stelle größerer Aktionen, welche die rauhe Jahrszeit und die äußerst verdorbenen Wege in den ersten Monaten unmöglich machten, und sobald es nur irgend thunlich war, begannen Unternehmungen, welche die Geschichte des jetzt beschrieben werdenden 1794 Feldzuges zu einer

ner der merkwürdigsten aller Kriege und Jahr-
hunderte machen werden. Nicht einzelne Gefechte und Schlachten, sondern eine Reihe unun-
terbrochener mörderischer Bataillen enthält der
1794ste Feldzug, in welchem deutsche Bravheit
und Tapferkeit, und der Muth der alliirten Armeen alles leistete, was gegen einen zahllosen, ra-
senden Feind zu thun möglich war. Die Außich-
ten, die Hofnungen, welche zu Ende der vorigen
Feldzugsgeschichte gezeichnet wurden, sind zwar
nicht in Erfüllung gegangen, die alliirten Waffen
haben nach dem unerforschlichen Rathschluße der
Vorsicht nicht gesiegt; — aber man muß doch den
verbundenen Armeen die Gerechtigkeit wiederfah-
ren laßen, daß sie alles gethan haben, was Tapferkeit und Muth leisten können. Die unverwelklichen
Lorbeern bey Charleroy, Catillon und Cortryck
sind Zeugen, daß, so lange Soldat gegen
Soldat stritt, deutsche Tapferkeit, der Ueberlegenheit des Feindes ohnerachtet, die Oberhand behielt. Aber als durch den Mordstahl der Gui-
lotine gezwungen, eine ganze Nation, welcher
von der damals herrschenden Schreckenspartey des
Robertspierre keine Wahl gelassen wurde, in
Kampf oder nicht zu ziehen, wider die vereinten
regulären Truppen aufstand, da Frankreich eine
ungeheure Maße Menschen, die entweder vorrücken, oder sich von ihren eigenen Kanonen zer-
schmettern laßen mußte, gleichviel ob wenige oder
viele umkommen würden, wider die alliirten
Heere daher wälzte, und immer mit frischen Truppen

yen rasende Angriffe erneuerte, — da mußte die
menschliche Natur, nicht die Tapferkeit der vereinten Truppen ermatten, und zuletzt 1200000
zur Verzweiflung gebrachten Streiter unter-
liegen, welche leicht vertilgt geworden seyn würden, wenn sich die deutsche Maße wider jene von
Frankreich gehoben hätte. Indessen stehet der
Verlust, welchen die allirten Armeen in diesem
Feldzuge erlitten haben, wahrhaft in keinem Ver-
hältniße mit dem der Franzosen, denn sonst würde von erstern kein Mann mehr vorhanden seyn.
Man kann bey einer so großen Uebermacht, welche gänzlichen Untergang drohete, wirklich den
Schutz Gottes über die gerechte Sache nicht
verkennen, der zwar, ohne ein Wunder zu thun,
nach dem natürlichen Gange der Dinge zulaßen
mußte, daß die größere Zahl siegte, aber durch
diese Siege Frankreich und denenjenigen, welche
das Volk irre leiten, selbst den Untergang zube-
reitete. Wer kann die Hand Gottes verkennen!
wenn (wie unten umständlicher folgen wird) man
bedenkt, daß nach dem eigenen Geständniße des
Nationalkonvents, in diesem Feldzuge allein
480000 Menschen vor dem Feinde und durch
Krankheit (die Winterexpedition gegen Holland
ungerechnet) umgekommen sind, — daß durch
Aufhäusung der ungeheuren Maße Menschen
Mangel, Elend und Noth bereits fürchterlich im
Innern Frankreichs wüthet; — daß selbst diejenige
Parthey, welche durchs Schreckenssystem 1200000
Menschen zu den Waffen gezwungen hat, nicht

mehr

mehr ist, sondern daß sie, gleich allen denen, welche bisher durchs Laster regierten, dahin und bestraft ist; — und daß Frankreich bey allen seinen Siegen am meisten die Nothwendigkeit zum Frieden fühlt, und diejenige Parthey am Ende die Oberhand behalten hat, und behalten wird, welche Tugend und Religion, als das einzige Glück der Völker, dem unglücklichen Lande wieder schenken wird. Man muß hierbey ausrufen; Wie gar unerforschlich sind Gottes Gerichte und unbegreiflich seine Wege. — Was durch Gewalt der Waffen nicht zu erzwingen war, geschieht durch die Verhängniße der Vorsicht auf dem gewöhnlichen Wege der Natur. Vertilgung der Jakobiner, Sicherstellung vor den gefährlichen Empörungen, Handhabung der allgemeinen Staatspolizey von Europa, Herstellung einer dauerhaften Ruhe, und Schutz gegen die von Frankreich aufgedrungene Wortfreiheit, waren die Hauptgründe, warum die alliirten Mächte die Waffen ergriffen, und schon sind mehrere dieser Endzwecke mit und durch den Sturz der Jakobiner erreicht, ohne daß solches im eigentlichen Verstande durch die Gewalt der Waffen erzwungen worden wäre. —

In den österreichischen Niederlanden, wovon, so wie in den vorigen Theilen dieser Kriegsgeschichte zuerst gehandelt werden soll, ließ sich der Anfang des 1794 Jahr für die Alliirten glücklich an, und wurden die Franzosen, wo sie einzubrechen versuchten, mit blutigen Köpfen

ab

abgewiesen. Ihre Hauptabsicht war noch immer, so wie zu Ende vorigen Jahrs, auf Westflandern gerichtet, wo sie mit fliegenden Korps Einfälle unternahmen. Unter mehr andern dergleichen Versuchen war der am 20. Jänner der erste ernstliche im 1794sten Jahre. 6000 Franzosen unternahmen einen Anfall auf den Posten Poperingen, der nur mit 200 regulären Soldaten und 600 bewafneten Bauern besetzt war; deßen ohnerachtet hielt diese ungleich schwächere Anzahl den Angriff so lange aus, bis durch Läutung der Sturmglocken eine große Menge bewafneter Landleute herbey eilte, worauf die Feinde zusammt den, zu Fortbringung des Raubs, mitgebrachten Wagen, eiligst den Rückzug nahmen. Ein anderer feindlicher Versuch am 31. Jänner bey Baisieux in der Gegend von Dornick lief nicht beßer ab. Zu verhindern war jedoch nicht, daß nicht einzelne Streifpartheyen in die flandernschen Gränzdörfer eingefallen wären, wofür sich die Oesterreicher durch ähnliche Einfälle in die Gegenden von Landrecy und Cambray rächten. Bey Landrecy nahm selbst ein Korps k. k. Truppen eine Stellung, wodurch nichts aus oder ein konnte. Dieses gab aber zu beständigen viel Volk kostenden Scharmützeln Anlaß, welches die k. k. Generalität bewog, die genommene Position wieder zu verlaßen. Dagegen wurde ein Korps zwischen die Flüße Sambre und Maas zu Deckung des Landes detachirt, und die Franzosen ließen starke Haufen gegen Givet und Philippeville vorrücken.

Sie bekamen auch an der Seite von Flandern ansehnliche Verstärkungen, und schienen unter Anführung ihres neuen kommandirenden Generals Pichegrü (der sich in der Folge so berühmt gemacht hat) nach einem mit dem Chef der Moselarmee Ferrand verabredeten Plane irgend einen großen Streich im Schilde zu führen. Die Generäle der alliirten Armeen hielten dagegen zu Anfang Februar in Brüssel einen Kriegsrath, worauf der damalige k. k. Oberste, nachherige berühmte General Mack, nebst Sr. K. H. dem Herzoge von York zu Vereinigung des Operationsplans nach London abgiengen.

Schon war die französische Armee unter Pichegrü zu Ende Februar von allen Seiten gegen Cambray, Landreen, und den Mormaler Wald in Bewegung. Die Bauern aus Cambresis und der Picardie wurden aufgebothen das Cäsars Lager neuerdings aufzuwerfen, und alle bisher vernachläßigte französische Vestungen der dritten Linie wurden aufs sorgfältigste hergestellt. Bereits am 2. Merz begann das Vorspiel größerer Begebenheiten bey förmlicher Eröfnung des Feldzugs, indem die Franzosen in zwey Kolonnen aus ihrem Lager von Mons en Pevele die kaiserl. Kantonirungen bey Orchies zu überfallen dachten. Ihr Vorhaben wurde jedoch verrathen, der Kommendant zog ihnen entgegen und schlug sie mit Verlust an Todten und Gefangenen in die Flucht. — Die englische Armee unter dem Herzog von York bekam Verstärkung durch 6000 Hannoveraner und

und 7000 Engländer, so, daß ihre Stärke auf 50000 Mann, und jene der holländischen Armee auf 24000 Mann anstieg. Die ganze Stärke der großen alliirten, unter dem Oberbefehl Ihro H. D. des Herzogs von S. Coburg stehenden Armee, betrug nun überhaupt 200000 Mann. Dagegen war die französische Armee noch weit zahlreicher, und wurde noch täglich durch Verstärkungen aus der Rhein und Moselarmee, und den mit Gewalt zusammen getriebenen Landvolk, dermaßen vermehrt, daß die häufige Desertion keinen Abgang fühlen ließ. — Die Feinde hatten 3 Hauptlager; eines zwischen St. Quentin und Guise, eines bey Cambray, und eines bey Landrecy. Zwischen den leichten Vorposten Truppen kam es zu öftern hitzigen Scharmützeln, dergleichen bey Dornick, Bouchain, und vorzüglich im Luxemburgischen vorfielen, wo am 3. Merz Gen. Beaulieu ein feindliches im Plündern begriffenes Detachement angreifen ließ, 200 tödtete, 130 gefangen nahm, und die Beute zurück eroberte.

Der 5te Merz war der Tag, an welchem sich die k. k. Hauptarmee in Marsch setzte. Das Centrum kam von Valenciennes nach Bermerain, der linke Flügel unter Commando des Fürsten von Hohenlohe Kirchberg dehnte sich mehr aus, und der rechte, welchen Gf. Clairfait anführte, rückte über Baisieux und Templeneuve vor. Die beyderseitigen Armeen waren nun einander sehr nahe. Das Hauptquartier des kommandirenden F. M. Herzogs von S. Coburg wurde 4 Stunden vor-

A 5   wärts

wärts Valenciennes zwischen Bouchain und Lan-
brecy verlegt, worauf die französische Besatzung
von Bouchain einen heftigen Ausfall wider die
k. k. Vorposten that, mit Verlust mehr als 100
Todter und Verwundeter aber abziehen mußte.
Der Angriff der Franzosen von Dovay auf
Orchies am 13. Merz fiel nicht besser aus;
zwar wichen Anfangs die Vorposten, weil sie zu
schwach waren, aber bald eilte Verstärkung herbey,
und schlug den Feind mit Verlust zurück. Indessen reitzte der mißlungene Versuch den Feind
nur noch mehr, und er hatte vor, mit starken
Kolonnen über Orchies vorzubringen, ließ ein be-
trächtlies Korps über Arras und Dovay auf Dün-
kirchen marschieren, und bedrohte durch das verstärkte Lager bey Rosendael, Fürnes und Nieuport. — Während sich die alliirten Armeen
mit Vorkehrungen beschäftigten, eröfnete der Kom.
französ. General Pichegrü am 29. Merz förmlich den Feldzug durch einen allgemeinen Angriff
auf die ganze Kette der alliirten Armeen bey Lan-
brecy, Cateau, Solesmes, Dovay, und Denain,
wobey seine Hauptabsicht auf Cateau, und den
wichtigen Mermaler Wald, und um Landrecy
Luft zu machen, gerichtet war. Mit einem Korps
von 40000 Mann führte Pichegrü den Hauptangriff, und es gelang ihm, durch Uebermacht an
Mannschaft und schweren Geschütz die Posten
Ors, Basuyaux, und Pomereul, den dortigen
Verhau und die Redoute zu überwältigen. Sogleich sammelte aber der kaiserl. Gen. Werneck
die

die nächsten Truppen und griff den Feind mit solcher Tapferkeit an, daß er aus der eroberten Redoute, dem Verhau, und dem Dorfe Pomereul vertrieben und bis Ors verfolgt wurde. Bey Cateau nöthigte Gen. Kray die Franzosen durch ein gut angebrachtes Kreutzfeuer zum eiligen Rückzuge, ließ den Feind durch die Kavallerie verfolgen, und viele niedermachen. Bey diesen Angriffen zeichneten sich die Regimenter Brechainville und Royal Allemand rühmlich aus. Während dieser Angriffe gieng eine andere feindliche Kolonne zwischen St. Hilaire und St. Vaast auf Solesmes los, und nöthigte die Posten zum Rückzuge, bis Prinz Coburg mit Verstärkung herbey eilte, den sechsmal stärkern Feind muthig angriff, und endlich zur Flucht zwang. Zu gleicher Zeit machten die Franzosen bey Novelles, Avesnes le Sec und Villerscouchie Angriffe, wurden aber glücklich abgetrieben. Der feindliche Verlust an diesem Tage belief sich über 1200 Mann, 100 wurden gefangen, und 5. Kanonen erobert. Die Kaiserlichen hatten in allem 139 Mann und 124 Pferde Abgang. Pichegrü zog sich ins Cäsarslager zurück, und verschanzte sich. — Auch auf der Seite von Westflandern griffen die Franzosen am nämlichen 29. März den Posten von Poperingen mit 5000 Mann an, drückten die 400 Mann Vorposten zurück, und besetzten Poperingen, welches sie zu plündern anfiengen. Diesen Zeitpunkt nahm man wahr, es zogen sich 6000 Freywillige eiligst zusammen, und jagten den Feind bald wieder zurück. We-

Wenige Tage nach diesen Vorfällen kamen des Kaisers Franz II. Majestät in eigner Person in den Niederlanden, und am 16. April bey der Armee an. Noch am nämlichen Tage erhielten alle Korps Befehl, sich auf jeden Augenblick marschfertig zu halten. Am 17. April vor Tages Anbruch stellte sich der Kaiser an die Spitze seiner Truppen, und ertheilte Ordre, die feindlichen Positionen von Bouchain bis hinter Landrecy anzugreifen. Die Erzherzoge Karl und Joseph K. H. waren ebenfalls gegenwärtig. Gesammte alliirte Truppen formirten sich in 3. Armeen am Selleßuß bey Montay und Foreste. Eine dieser Armeen führte S. H. D. der Herzog v. S. Koburg, die zweyte der Herzog von York, vereint mit dem Korps des K.Generals Otto, und die dritte des Erbprinzen von Oranien Hoheit, mit dem Korps des kaiserlichen Generals la Tour, an. Diese 3 Armeen theilten sich in 8 Kolonnen, davon die erste bey Ors und Catillon die Sambre forcirte, die zweyte gegen Maßinguet auf Femy und Oisy, die 3te über Baßigny auf die Anhöhen von Grandpleu, die 4te über St. Suppleant auf Vaux gegen Bouchain, die 5te über Maret gegen Premont, die 6te über Lignie nach Crövecoeur, die 7te über Bauvais nach Cambray, und die 8te über St. Hilaire nach Naves marschirte. Die Kolonnen der combinirten Armeen fanden auf ihrem Marsche allenthalben feindliche mit Truppen und Artillerie stark besetzte Verschanzungen, welche den hartnäckigsten

nädigsten Widerstand leisteten, aber überall theils
mit Sturm erobert, theils (wie vorzüglich durch
den Herzog von York, und Erbprinzen von Oranien geschehen) umgangen und erobert wurden,
so daß die Franzosen, ob sie gleich jeder der an-
greifenden Kolonnen weit überlegen waren, dan-
noch endlich der Tapferkeit der Alliirten weichen
mußten, und über die Oise, den Neiveu Bach,
die Sambre, und kleine Helpe zurück geworfen
wurden. Die geschlagenen Franzosen wurden bis
hinter Guise verfolgt. Sie verloren an diesem für
die Alliirten glorreichen Tage an Todten und Verwundeten 4000 Mann, gefangen wurden 200 und
30 Kannonen erbeutet. Der Verlust der Alliirten
bestand in nicht mehr als etlichen hundert Mann.
Hierauf wurden am 18. u. 19. April die Gegenden zwischen der Sambre, und der kleinen Helpe
ganz von den Franzosen gereinigt, am 20sten die
Vestung Landrech förmlich berennt, und in der
nemlichen Nacht noch die Laufgräben eröfnet. —
Des Kaisers Majestät hatten nach Ihrer Zurück-
kunft von Brüßel, wo Sie die Huldigung eingenommen, kaum Zeit gehabt, am 25. April die
Stellungen der kombinirten Armeen zu besichtigen,
als am 26. April die Franzosen mit Tages Anbruch einen allgemeinen Angriff von der Sambre
bis an die Küsten von Flandern unternahmen,
und den alliirten Armeen an einem Tage eine
vierfache Bataille lieferten: die blutigste, welche
noch in diesem Kriege vorgefallen war, aber auch
die siegreichste für die Alliirten. Der Feind griff
in

in 4 Kolonnen, jede 27000 Mann stark, folglich mit einem Heere von mehr als 100000 Mann, die große alliirte Armee bey Catillon an (daher sie auch die Schlacht bey **Catillon** genannt wird) um Landrecy zu befreyen. Die Hauptattaquen führten die Franzosen gegen den linken Flügel der Alliirten bey Priches und Fayt la Ville, und gegen den rechten bey Troisville. Letztern kommandirte der Herzog von York. Der Feind trieb hier die Vorposten sogleich zurück, und avancirte gegen eine Batterie, welche aber mit Kartetschenfeuer die Franzosen dermaßen empfieng, daß sie schon zu weichen anfiengen. Zugleich ließ der Herzog durch ein Korps Kavallerie den Feind in Rücken nehmen, einhauen, und die Glieder der Infanterie durchbrechen. Endlich kam noch der kaiserl. Gen. Otto mit kaiserl. Kavallerie dazu, nahm den Feind in die Flanke, brachte ihn vollends in Unordnung, und richtete ein großes Blutbad an. Er ließ nun Kanonen, Munition und Waffen im Stiche, und suchte sich durch die Flucht zu retten. Das Korps des Herzogs von York tödtete 3000 Franzosen, und eroberte 35 Kanonen, machte mehrere 100 Gefangene, unter denen der Gen. Chapuy, und verfolgte den Rest bis Ligny und Cambray. — Gegen den linken Flügel der Alliirten, wo anfangs Gen. Alvinzy, und als dieser verwundet worden, des Erzherzogs **Karl** K. H. kommandirten, forcirte der Feind die Helpe und griff das Dorf **Priches** an. Als aber die kaiserl. Kavallerie denselben zwischen der Helpe und dem Dorfe über-

flügel-

flügelte, und letzteres ansehnliche Unterstützung
an Mannschaft erhielt, wurde er bald geworfen,
und über den Fluß zurückgejagt. Er ließ auch
hier Kanonen und Munition im Stiche. Die
kaiserl. Generale Kinsky, Kray und Bellegarde
griffen zu gleicher Zeit ebenfalls mit ihren Abs-
theilungen an; schlugen den Feind und eroberten
mehrere Kanonen. — Die französische Kolonne,
die gegen das Centrum der alliirten Armee angerückt war, wurde vom kaiserl. Gen. Schmerzing
selbst angegriffen, und mit vielem Verluste geschlagen. Endlich die vierte Kolonne, welche zur
Unterstützung der 3 andern anrückte, ward von
den siegenden kombinirten Truppen bald in die
Flucht getrieben. Ueberhaupt wurden den Franzosen 62 Kanonen abgenommen, und 1500 Mann
gefangen. An Todten und Verwundeten bestand
ihr Verlust in wenigstens 12000 Mann. —
An diesem glänzenden Siege hatte die Kavallerie
den meisten Antheil. — Die Schlacht dauerte
von 4 Uhr Morgens bis in die späte Nacht —
Die kombinirten Armeen vorlohren an Todten, Verwundeten und Vermißten nicht volle
1000 Mann.

Die wichtige Schlacht bey Catillon fiel ganz
zum Vortheile der Alliirten aus. Aber diese war
es nicht allein, welche den 26sten April merk-
würdig macht. Am nämlichen Tage geschah auch
ein Hauptangriff auf Westflandern. Unter eigner

An-

Anführung Pichegrus *) wurde der nur mit 4000
Mann Hannoveranern unter dem Gen. Wan,
genheim besetzte.Posten Moucron, durch 60000
Franzosen angegriffen. 7. Stunden vertheidigte
sich der brave hannövrische General, aber endlich
mußte er der Uebermacht weichen, worauf der
Feind Moucron besetzte. F. Z. M. Graf Clair,
sait der bey Denaih stand, um die Kommuni,
kation mit Ryßel zu verhindern, eilte herbey,
und beorderte den Hannövrischen Gen. Grafen
Oynhausen Moucron den Franzosen wieder zu
entreißen. Dieser gieng mit seinem kleinen Korps
am 28. April in 2 Kolonnen gegen gedachten
wichtigen Posten ab, und vertrieb den Feind,
ohnerachtet seiner doppelten Ueberlegenheit, mit
solcher Bravour aus allen seinen Verschanzun,
gen, daß er dem Sieger 5 Kanonen, 1 Haubi,
ße, mehrere Munitionskarren, Pferde und Ge,
fangene, so wie Moucron selbst überlaßen, und
sich über Tourcoing zurückziehen mußte. In der
fol,

---

*) Unter allen französischen kommandirenden Generalen
hat Pichegrü das Glück am längsten auf dem Kriegs,
schauplatze zu erscheinen. Nach einem zu An,
fang des 1795 Jahrs im Nationalkonvent zu Pa,
ris geschehenen Vortrag sind während des jetzigen
Kriegs und bis Ende 1794 französische Generäle
vor dem Feinde geblieben oder ermordet 24. —
Gestorben oder selbst ermordet haben sich 61. —
guillotinirt oder erschossen 57. — In Ge,
fangenschaft wären 21. — Ausgewandert 24. —
abgesetzt, arretirt 2c. 278, — und wirklich in Dienst
noch 230.

folgenden Nacht traf Graf Clairfait bey dem Hannövrischen Korps selbst mit 10 Bataillons und 6 Eskadrons ein, und übernahm das Kommando. Er hatte beschlossen, den 30. April über Mont Halline vorzurücken, und das belagerte Menin zu entsetzen, allein der Feind kam ihm zuvor, und griff ihn am 29. April mit 40000 Mann an. Das coupirte Terrain kam hier dem Feinde zu statten, so daß, ehe die Alliirten die feindlichen Absichten zu beurtheilen vermochten, er zugleich auf den rechten, linken Flügel und das Zentrum Angriffe machte Zwar leistete man 7 Stunden lang tapfern Widerstand, aber endlich da die 3 mal stärkere feindliche Armee, Meister von Cortrnck, Ahlbeck, Rollbeck und Belleghem, die Retirade abzuschneiden drohte, waren die k. k. und hannövrischen Truppen genöthigt, den Rückzug, und in der Nacht die Position bey Dottignies zu nehmen. Durch das üble Terrain geriethen in der Retirade die Kaiserlichen in Unordnung, welches nicht nur zu Vergrößerung des Verlustes an Menschen, sondern auch von 23 Kanonen und einem großen Theil der Bagage Anlaß gab. An Todten, Verwundeten, Vermißten (von letztern fanden sich aber viele wieder ein) hatten die Alliirten an 2000 Mann, wohingegen der Feind wenigstens 3000 verlohr. — Die von Sr. Erz. dem G. F. Z. M. Grafen Clairfait genommene Position bey Dottignies war zwar so vortheilhaft, daß die Franzosen denselben nicht weiter anzugreifen wagten,

B

ten, indeſſen war doch durch dieſe unglückliche
Bataille das belagerte Menin dem Feinde blos
geſtellt. Der Hannövriſche Gen. Hammerſtein
ſtand daſelbſt mit 4 Bataillons Infanterie und 60
Pferden ganz eingeſchloſſen, und hatte ſich bereits
4 Tage und Nächte vertheidiget. Er wurde den
29. April zur Uebergabe aufgefordert, ſchlug
ſolche aber ab, bis 12 Munitionswagen in die
Luft flogen, und er ſich nun nicht mehr halten
konnte. Aber ſein Heldenmuth konnte den Gedan-
ken der feindlichen Gefangenſchaft nicht ertragen,
er entſchloß ſich daher, mit ſeinen tapfern Trup-
ben durchzuſchlagen, ſetzte ſolches wirklich ins
Werk, eroberte bey dieſer Gelegenheit noch 9 Kanonen, von denen er aber nur zwey fortbringen
konnte, und zog ſich mit Verluſt von etlich hundert Mann im Angeſicht des Feindes auf Roußelaer und von da nach Brügge; — worauf
nach Anordnung des Kaiſers der Herzog von
York mit ſeinem ganzen Korps dem Grafen Clairfait in Flandern über St. Amand und Dornick
zu Hilfe eilte, und ſeine Stellung bis Baiſieux
und Templeneuve nahm. Clairfait ſtand bey Moucron bis Ottignies, ein anderes Korps zur Re-
ſerve bey Oudenarde und die neuerdings aus England angekommenen Truppen zwiſchen Inglemün-
ſter und Vive St. Eloy.

Unmittelbar nach der Schlacht bey Katil-
lon ergab ſich die Feſtung Landrecy an die
alliirten Armeen. Der Erbprinz von Oranien
Hoheit nebſt dem k. k. General La Tour hatten
das

das Belagerungskorps kommandirt. In den ersten Tagen der kurzen Belagerung hatte man bereits durch heftige Bombardements den größten
Theil der Stadt in Schutthaufen verwandelt,
und als der Kommandant des Platzes Gen. Rou-
land die Uebergabe auf die 2te Aufforderung am
29. April abermals abschlug, so wurde den nämlichen Abend das Beschießen mit solcher Lebhaftigkeit erneuert, daß fast kein Gebäude in der
Stadt mehr übrig war. Da begehrte endlich der
französische Kommandant zu kapituliren. Die Kapitulation kam auch wirklich am 30. April zu
Stande, und nach dieser ergab sich die noch 7318
Mann starke Besatzung zu Kriegsgefangenen.
Der Erbprinz von Oranien nahm hierauf am 1.
May förmlich von dem Platze Besitz, und ließ
dem Kaiser den Huldigungseyd schwören. Der
Anblick der Festung war schrecklich. Außer einer
Menge Munition und vielem Kriegsvorrath fand
man 150 Kanonen, Mörser und Haubitzen in
der Festung. Die Franzosen verloren während
der Belagerung 1700 Mann, die Alliiten hingegen kaum 800. Indessen kosteten ihnen die Angriffe der französischen Verschanzungen bey Preux
au bois weit mehr Menschen, als die Belagerung selbsten, und doch konnte Landrecy nicht eingenommen werden, wenn man nicht zuvor den
Feind aus genannten Verschanzungen vertrieben
hatte. Nicht weit von dem Dorfe Preux au bois
liegt ein Wald, durch welchen die Landstraße
nach Landrecy gehet, und diesen hatten die Fran-

zosen mit den stärksten Verhauen und Batterien
verschanzt. Gedachte Verschanzungen ließ Gen.
La Tour durch seine Oestreicher angreifen. Die=
se hatten schon viel Volk verlohren, als die Hol=
länder zum Soutien kamen, und endlich mit dem
Degen in der Faust die Batterien erstiegen, erobert,
und der Feind bis an die Pallisaden von Landre=
cy verdrängt wurde. Diese Attaquen kosteten den
Oesterreichern und Holländern an Todten und Ver=
wundeten gegen 1000 Mann. Besonders zeich=
neten sich die k. k. Regimenter Teutschmeister und
Kinsky, und die holländischen Regimenter Schwei=
tzergarde und Heßendarmstadt aus. *)

Es wurde oben gesagt, daß am 26. April
den alliirten Armeen eine vierfache Schlacht ge=
liefert worden sey. Von der bey Catillon, und
den Vorfällen in Flandern ist bereits Erwähnung
geschehen. Die 3te Attaque der Feinde war wi=
der das Korps des Gen. Grafen von Kauniß ge=
richtet. 20000 Franzosen griffen das schwache
österreichische Korps bey Florennes, Walcourt
und Boßüt an, und nöthigten dasselbe durch Ueber=
macht

---

*) Man darf mit Gewißheit annehmen, daß die Fran=
zosen vom 17. bis 30. April an Todten, Verwun=
deten, Gefangenen und Deserteurs 30000 Mann
und 250 Kanonen verloren hatten. Doch war
dieser erstaunliche Verlust bey ihren gewaltsamen
Mitteln fast kaum fühlbar, da alle waffenfähige
Mannschaft in den Departements mit Gewalt zur
Armee getrieben wurde, welche das oft erwehnte
Cäsarslager bezogen, und die zerstreuten Truppen=
korps wieder zusammen sammelten.

macht, aber nach der tapferſten Gegenwehr, zum
Rückzuge über die Sambre, worauf ſie ſelbſt den
Fluß paßirten, und die Abtey Lebbes in Brand
ſteckten.

Gegen das 10000 Mann ſtarke Korps des
Gen. Beaulieu im Luxenburgiſchen zog ſich bey
Longwy ſchon zu Anfang April die feindliche Mo-
ſelarmee 35000 Mann ſtark zuſammen, und griff
am 26. April die Oeſterreicher in ihrer Poſition
bey Arlon auf allen Punkten zugleich an, —
wurde aber dieſesmal noch glücklich zurück getrieben. Der Feind erhielt jedoch kurz darauf eine
Verſtärkung von 8000 Mann, und nun griff der-
ſelbe am folgenden 27. April mit dieſer Macht und
60 Kanonen den Gen. Beaulieu nochmals an,
und dieſer fand es für rathſamer, vor der gar
zu großen Uebermacht ſich zurück zu ziehen, welches er über Steinfort, Mamern, Luxenburg vorbey nach Merſch ins Werk ſetzte, und bey dieſer
ganzen Retirade keine 200 Mann verlor. Der
nachrückende Feind begieng hierauf, ſeiner Gewohnheit nach, viele Ausſchweifungen, unter andern wurde die Stadt Thuin eingeäſchert.
Dieſer glückliche Koup des Feindes war jedoch
von keinen Folgen und von kurzer Dauer. Der
Gen. Beaulieu unternahm am 30. April einen
Ueberfall, welcher vollkommen glückte. Er über-
fiel die Franzoſen mitten im Schlafe nach ſo guten Diſpoſitionen, und ſo raſch, daß ſich der franzöſiſche General Champione im Hemde retten mußte. Alles lief aus Arlon davon, man erwartete

kein

kein Musquetenfeuer, sondern suchte nur die Artillerie zu retten. Hätte der kaiserliche General mehr Kavallerie zu Verfolgung des Feindes gehabt, so würde letzterem ein viel größerer Verlust verursacht worden seyn, so aber wurden nur 8 Offiziers und 80 Gemeine gefangen, und 6 Kanonen erobert. Der französische Verlust an Todten und Verwundten auf den Schlachtfeldern belief sich über 800 Mann. Der Feind zog sich nun bis hinter Longwy zurück, und mußte alle Beute zurück lassen. Die 10000 Oesterreicher, welche 30000 Franzosen vor sich hertrieben, hatten kaum 300 Todte und Verwundete.

Erstgedachte Unternehmung der französischen Moselarmee war also übel ausgefallen. Ein anderer Theil derselben war indessen mit einem starken Korps von der Rheinarmee verstärkt, bis auf 20000 Mann angewachsen, und mußte gegen das Trierische vorrücken. Bey den allgemeinen Angriffen der Franzosen am 17. April griff dieses Korps die österreichischen Verschanzungen bey Merzich ebenfalls an, wurde aber, so wie in den folgenden 3 Tagen, wo der Angriff erneuert ward, mit Verlust zurückgeschlagen, ohnerachtet die ganze kaiserliche Stärke in dortiger Gegend nur aus 9 Bataillons und 900 Mann Kavallerie bestand, der wichtige Posten bey Merzich insbesondere aber nur mit 600 Mann unter dem Grafen Lusignan besetzt war. Am 6. May griffen die Feinde erstgenannten Posten wiederum von zwey Seiten mit der größten Wuth und mit

12 Kanonen an, liefen auch 3 mal Sturm, wurden aber mit ansehnlichem Verluste, so wie die andere Kolonne, welche aus dem Merchinger Walde anrückte, zurückgeschlagen.

In Flandern war zu gleicher Zeit am 3. May ein Korps Franzosen bey Roußelaer, bis wohin es vorgedrungen, mit Verlust von 300 Todten, Verwundeten und 5 Kanonen zurückgeschlagen worden, worauf den 5 May Tourhout mit 5000 Engländern besetzt wurde, um das Korps bey Roußelaer zu unterstützen. Bey Harlebeck griff man am 8. May den Feind ebenfalls an, und zwang ihn, nach einer blutigen Aktion den Ort zu verlaßen, worauf man näher gegen Cortrnck vorrückte. — Die Hauptarmee des Kaisers setzte sich am 4. May in mehreren Kolonnen gegen Bouchain und Cambray in Marsch, und bedrohte beyde Festungen, wo indessen der General Graf Latour sich gegen den wichtigen Posten Maroilles zwischen Landrecy und Avesnes gewendet hatte, und die dort stehenden 6000 Franzosen nach einem blutigen Kampfe am 7. May zwang, solchen zu verlaßen. Am nämlichen 7. May kam es bey Bouchain zu einem sehr hitzigen Gefechte, in welchem die Oesterreicher ebenfalls die Oberhand behielten, der Feind aber 200 Mann einbüßte.

Nach dem bisherigen Kriegsglück der alliirten Armeen, nachdem 3 so wichtige Schlachten, wie die am 17. April bey Landrecy, am 26. bey Catillon rc. gewonnen worden, nachdem eine so

B 4   aus

ansehnliche Festung, wie Landreey erobert, in wenig Wochen mehr als 12000 Gefangene gemacht, eine ganze Armee zerstreut, und über 200 Kanonen erobert worden, wer hätte da nicht, nach ältern Kriegen urtheilen sollen, daß der Feldzug entschieden, und der Vortheil auf Seiten der Alliirten seyn müße! Die Folge hat aber das Gegentheil bewiesen. — Die Franzosen glichen dem vielköpfigen Ungeheuer: jemehr Köpfe abgehauen wurden, jemehr neue kamen wieder zum Vorschein.

Es zeigte sich immer mehr, daß die Franzosen, es koste was es wolle, in Flandern sich festzusetzen vorgenommen hatten. Nach dem kurz vorher erwehnten Gefechte bey Harlebecke zogen sie viele tausend Mann Verstärkung aus Ryßel und dem Innern Frankreichs zusammen. Ein gegen 30000 Mann starkes Korps griff am 10. May den Herzog von York, welcher zur Verstärkung nach Flandern eilte, bey Baisleux an. Seine Attaquen formirte es bis Bachy, Marquain und Lamain zwischen Ryßel und Dornick, wo der Herzog postirt war. Es entstand ein sehr blutiges Treffen, in welchem endlich der Herzog die Oberhand behielt, gegen 2000 Mann tödtete oder verwundete, 700 Gefangene machte, und 18 Kanonen sammt 20 Munitionswagen erbeutete. Die Engländer hatten nicht mehr als 300 Todte und Verwundete. Zur nämlichen Zeit griff Gen. Clairfait die Franzosen vor Cortryck an, und schlug sie bis in die Brügger Vorstadt. Er machte Anstal

ftalten zu einem Angriffe auf Cortryk selbst, als Pis
chegru, der von allen Orten Truppen an sich gezogen
hatte, und seine Leute nicht schonte, am 12. May
den Grafen Clairfait mit mehr als 36000 Mann
wüthend attaquirte, und beym 3ten Angriffe endlich zum Rückzug zwang. Ob gleich das Korps
Oesterreicher nur 14000 Mann betrug, und gegen eine so überlegene Macht fechten mußte, so
verlor es doch nur 4 Kanonen und 1000 Mann,
wohingegen die Feinde, die tollkühn gegen die
Kanonen anliefen, gewis 5000 Menschen ein-
büßten. Clairfait zog sich nach Thielt zurück, und
erwartete Verstärkungen von der großen Armee.

Unterdessen hatte ein anderes Korps Franzosen, das aus den Festungen an der Sambre
gezogen war, und aus sonst zusammen getriebe-
nem Volke bestand, bey dem unbesetzt gelaßenen
Maroilles sich gesammlet, und war am 11. May
über die Sambre gegangen. Die eine Kolonne,
welche gegen Charlesroy anzog, wurde von dem
dort mit einem Korps stehenden Grafen Kaunitz
bald zurück getrieben, die andere aber drang bis
Binche vor, und setzte Mons und selbst Brüßel
in Gefahr. Jedoch zog sich auch diese, auf die
Nachricht von der Niederlage der erstern, nach
Philippeville zurück, wurde von den Kaiserlichen
verfolgt, und beide erlitten einen Verlust von
1000 Mann.

Die misliche Lage in Flandern und an der
Sambre machte es bey der großen kaiserl. Armee
zur Nothwendigkeit, Verstärkungen nach Flan-

dern

dern und an die Sambre zu schicken, und es blieb
nur ein Observationscorps gegen Cambray stehen.
Der größte Theil k. k. Truppen unter eigener An=
führung des Kaisers und Prinzen von S. Co=
burg gieng über St. Amand und Dornick nach
Flandern, und 10000 Mann wurden an die
Sambre beordert. Unterdessen war Graf Clair=
fait schon mit 15000 Mann unter dem Gen. Kins=
ky verstärkt worden, und griff am 16. May den
Feind wieder bey Harlebeck an, schlug ihn, und
trieb ihn ganz nach Cortryck, welches er ein=
schloß. Am nämlichen Tage war der Kaiser auch
schon zu Roulers angekommen, und das Schick=
sal Flanderns mußte nun bald entschieden wer=
den, — indem die Franzosen bereits eine große
Strecke Landes von Fürnes bis Cortryck besetzt
hatten, und in diesen reichsten Gegenden Belgiens
kaum denkbare Grausamkeiten und Erpressungen
ausübten.

Wir sind nun in unserer Geschichtserzählung
an den Zeitpunkt gekommen, wo jeder Tag mit
den blutigsten Begebenheiten bezeichnet wurde, —
denn vom 17. May an vergieng kein Tag, an
welchem nicht mörderische Gefechte oder Schlach=
ten vorfielen. Es wurde ein allgemeiner Angriff
auf den 17. May beschlossen, wobey der Plan
war, den Feind auf 5. verschiedenen Punkten
seiner Position, zugleich an den Seiten und im
Rücken anzugreifen, zu umringen, und so den
Rückweg aus Westflandern abzuschneiden. Nach
diesem großen Plane mußte sich auch oberwehn=

ter

ter maaßen; Graf Clairfait Tags vorher des Postens zu Harlebecke wieder bemächtigen, um mit
seinem Korps, so viel es in der Entfernug möglich war, zu dem Hauptschlage mitzuwirken. Die
Grundlage dieser Dispositionen war ein allgemeiner Zusammenhang, eine allgemeine Mitwirkung
der detachirten Korps, wobey Graf Claifait das
Unternehmen durch eine Bewegung gegen die Lys
unterstützen sollte, aber weil er durch die Lys getrennt war, am wenigsten zusammenhängend und
mehr nach Gutdünken handeln konnte. Die ganze
Armee setzte sich am 17. May mit Tages Anbruch in 5 Kolonnen in Marsch. Die erste unter dem hannöv. Gen. Lieut. von dem Busch
schwenkte sich rechts, hatte wirklich den Posten
Moucron schon erobert, wurde aber durch einen
6mal stärkern Feind wieder vertrieben, und zog
sich in seine Position nach Warcoing zurück. Die
zweite unter Anführung des Gen. Lieut. Otto
drang über die Leers vor, und nahm Watterloo
weg. Die 3te unter dem Herzog von York machte sich Meister von Lannoy, rückte weiter vor,
und nahm auch Roubaix weg, marschirte dann
mit der zweyten Kolonne auf Tourcoing und
Mouveaux und bemächtigte sich auch dieser befestigten Posten. Durch diesen glücklich ausgeführ-
ten Streich war der Hauptzweck größtentheils
erreicht: Herzog von York stand auf feindlichen
Boden zwischen Ryßel, Kortryck und Menin
dem Feinde in Rücken, und hatte ihm alle Gemeinschaft mit seinen Gränzplätzen abgeschnitten.

Man

Man wollte auch durch diese Angriffe den Punk=
ten näher kommen, welche Graf Clairfait durch
seinen Uebergang über die Lys unterstützen soll=
te. — Gen. F. M. L. Graf Kinsky drang mit
der 4ten Kolonne von Cisoing gegen die Marque
vor, erzwang den Uebergang über den Fluß, und
marschirte in gleicher Richtung mit den andern
Kolonnen. Erzherzog Karl gieng mit der 5ten
Kolonne gleichfalls über die Marque, seine Trup=
pen waren aber von dem weiten Marsche zu abge=
mattet, so daß er nicht weiter komen konnte. Keine
der Kolonnen hatte etwas von dem Gen. Clair=
fait erfahren können, so daß nicht anders zu
schliesen war, als daß ihn unübersteigliche Hin=
dernise aufgehalten hätten, zur bestimmten Zeit
die Lys zu paßiren. Dieser Umstand besonders
vereitelte den Plan und verhinderte, daß der 17te
May nicht der entscheidende Tag für den
ganzen Feldzug wurde. Man kann fast alle nach=
herige Unglücksfälle hiervon herschreiben. Die
vom Herzoge von York errungene Stellung war
indessen ein äußerst wichtiger Vortheil. Pichegrü
sah dieses auch, und seine bedenkliche Lage sehr
gut ein, und beschloß sich heraus zu fechten, es
koste, was es wolle. Er rückte am 18. May ganz
früh mit einer außerordentlichen Macht und zahl=
reichen Artillerie gegen Mouveaux und Tourcoing
an. Der Angriff geschah von Commines her auf
die beyden Kolonnen des Herzogs von York und
Gen. Otto. Ein anderes feindliches Korps näher=
te sich von Menin aus, und fiel ihnen in die Sei=
te,

te, und ein drittes von Ryssel kommend, faßte
sie in Rücken. Engländer und Oesterreicher foch-
ten mit einem außerordentlichen Heldenmuth, es
war aber nicht möglich der Wuth des so sehr
überlegenen Feindes mit den vom vorigen Tage
ermüdeten Truppen in die Länge zu wiederstehen,
zumal da der Herzog von York in die größte Le-
bensgefahr gerieth. Man mußte den Rückzug
nehmen, Mouveaux, Tourcoing, Roubor, und
Lannoy wieder verlaßen, und sich in das vorige
Lager zu Marquain vor Dornick, um so mehr
zurück ziehen, da der Haupttheil der großen Armee keinen Antheil am Treffen nehmen konnte.
Die Heßen, welche zu gleicher Zeit bey Lannoy angegriffen worden waren, deckten, unter dem Gen.
v. Hanstein, den Rückzug der Engländer bis sie
Waterloo paßirt hatten, und zogen sich dann
unter beständigem Gefechte nach Leers zurück.
Die Engländer und Kolonne Oesterreicher mußte bey erstgedachtem Rückzuge 25 Kanonen (wovon sie aber viele Tags vorher dem Feinde abgenommen hatten) zurück laßen. An Todten, Verwundten und Vermißten hatte das österreichische
Korps 1400 und die Engländer über 800 Mann.
Die ganze alliirte Armee behielt hierauf ihre vorige Stellung von Marquain und Dornick an
der Schelde hin, und die Franzosen verschanzten sich zu Menin und Cortryck immer mehr.

Erst nach den bisher angeführten Vorfällen
kam die Nachricht vom Grafen von Clairfait,
daß derselbe am 17. May glückliche Fortschritte

gemacht habe, — die aber nun nicht mehr be=
nutzt werden konnten. Er hatte am 17ten Abends
den befestigten Posten Werwyck weggenommen,
am 18ten bey Commines den Uebergang über die
Lys forcirt, war sodenn bis Lincelles vorgerückt,
hatte ein Korps, 10000 Mann stark, geschlagen,
und nach Ryßel gejagt, dem Feinde 8 Kanonen
und 300 Gefangene abgenommen, und mehr als
800 getödtet ꝛc. Alles dieses konnte jedoch nicht
mehr benutzt werden, da Graf Clairfait, um
10 Stunden zu spät kam, um sich mit der Ko=
lonne des Herzogs von York zu vereinigen, und
diese schon zurück gedrängt worden war. Er
mußte sich bis Roußelaer zurückziehen.

Mittlerweile hatte sich der Theil der Fran=
zösischen Armee, welche am 26. April bey Ka=
tillon geschlagen worden war, aus dem Innern
des Landes und den Festungen verstärkt, und
zog nun gegen die Sambre und Charleroy zu.
Es stieß noch der größte Theil der Ardennen Ar=
mee zu ihr, wogegen dieser Abgang wieder von
der Moselarmee ersetzt wurde, und die Moselar=
mee von der Rheinarmee Verstärkung erhielt.
Mit diesem starken Heerhaufen, wobey sich blos
an 30000 Mann Kavallerie befand, sollte nach
dem kühnen Plane der Franzosen über Binche
und Charleroy vorbey gegen Brüßel vorgerückt
werden, indessen Pichegrü in Flandern die Alliir=
ten bey Dornick angreifen und schlagen würde.
In dieser Hinnsicht setzte sich auch wirklich die
obgedachte an der Sambre zusammen gezogene
Ar=

Armee am 20ten May in Marsch, um das dortige kaiserl. Korps unter dem Grafen von Kauniß anzugreifen. Letzterer aber, welcher von dem
Vorhaben unterrichtet war, kam dem feindlichen
Gen. Charbonnier zuvor, griff von seiner Seite
am 21. May bey Erquelines an, und schlug
den Feind mit einem Verlust von wenigstens
2000 Mann zurück. Es gieng also für diesesmal
auf der Seite noch glücklich ab. — Zur nämlichen Zeit, nämlich am 21. May, untenahm
Pichegrü auf die große alliirte Armee bey Dornick einen allgemeinen Angriff, und es wurde
an diesem Tage die blutigste Schlacht des ganzen Krieges geliefert, dergleichen sich die ältesten
erfahrensten Offiziers in keinem der Kriege des jetzigen Jahrhunderts erinern konnten. Schon Morgens 4 Uhr rückte Pichegrü mit 80000 Mann,
einer Reserve von 20000 Mann, und einer außerordentlichen Artillerie gegen die Stellung der
Alliirten von allen Seiten an. Um 6 Uhr war
man schon an mehrern Punkten handgemein, um
10 war die Schlacht allgemein, und dauerte so
ununterbrochen 16 Stunden bis Nachts 10 Uhr
fort, mit einer Wuth, die ihres gleichen in keinem
Kriege leicht gehabt hat. Die Franzosen hatten
den Wahlspruch, nach dem ausdrücklichen Befehl des Nationalkonvents: Dornick oder der
Tod, siegen oder sterben. Da Pichegrü keine Mannschaft zu schonen brauchte, so rückten,
wenn auch ganze Reihen Franzosen durchs österreichische Artilleriefeuer hingestreckt wurden, doch
gleich

gleich wieder frische Truppen mit neuen Unge=
stüme an. Keine Parthey wich der andern. Die
Alliirten standen unerschütterlich. Endlich wåren
doch, durch den allzulangen Kampf ermattet, ei=
nige Punkte zurückgewichen, aber des Kaisers
Majeståt sprach ihnen Muth zu, ließ sie sich fech=
tend gegen Marquain zurück ziehen, und 9 Ba=
taillons frische ungarische Truppen vorrücken;
und nun mit neuem Muth beseelt von neuem
den Feind angreifen. Fürst Waldeck und Gen.
Bellegarde fielen den rechten Flügel der Franzo=
sen bey Blandin und Templeneuve an, und schlu=
gen ihn nach einem langen Kampfe endlich bis
Templeneuve zurück, tödten viele Leute, und ero=
berten einige Kanonen. Aber in Templeneuve
vertheidigte sich der Feind mit solcher Hartnäckig=
keit, daß er, so wie längs der Linie an der Schel=
de, ob er gleich fünfmal geworfen wurde, immer
stårker frisch wieder anrückte, bis er endlich doch
nach dem blutigsten Kampfe zum allgemeinen
Rückzuge genöthiget wurde. Die Schlacht wur=
de blos durch die Artillerie, das Bajonette und
Musquetenfeuer geliefert, die Kavallerie konnte,
des Terrains wegen, nicht agiren. Blos auf der
Seite von Baisieur konnte der Erzherzog Karl
mit einem Theile der Kavallerie zuletzt noch, ei=
nen Angriff machen, welches zu dem Siege vie=
les beytrug. — Diese hitzige Bataille kostete
16000 Menschen das Leben. 12000 verloren
die Franzosen und 4000 die Alliirten, worunter
2000 Oesterreicher. Stundenweit war das
Schlacht=

Schlachtfeld mit Todten beſäet. — Auf dieſe
Art waren die franzöſiſchen Plane auch in Flandern für diesmal vereitelt.

An der Sambre both General Charbonnier,
nach dem obgedachten feindlichen Plane alle Kräfte auf, gegen Brüßel vorzudringen. Er gieng
über die Sambre, während am 20. May die
Garniſon von Maubeuge einen heftigen Ausfall
auf das öſterreichiſche Korps des Grafen la Tour,
der zur Beobachtung daſelbſt ſtand, that, aber mit
Verluſt in die Feſtung zurückgetrieben wurde.
Am 21. und 22. May darauf fielen bey Marie-
mónt und Binche ebenfalls lebhafte Aktionen vor.
Der Feind drohte das Korps des Grafen von
Kaunitz, das bey Rouvroi ſtand, anzugreifen.
Der öſterreichiſche General kam ihnen aber abermals zuvor, und überraſchte ſie durch ſeinen Angriff am 24. May dermaßen, daß die Schlacht
gänzlich zum Vortheil der Kaiſerlichen ausfiel.
Der Feind ſetzte ſich zwar verſchiedene male, be-
ſonders bey Binche, von neuem, wurde aber
aufs Haupt geſchlagen, über Fontaine l' Eveque
getrieben, und genöthigt, ſich über die Sambre
zurück zu ziehen. Die Franzoſen verloren in dieſer Schlacht 3000 Mann an Todten und Verwundeten, 1500 wurden vom Grafen Kaunitz
gefangen eingebracht und 42 Kanonen erobert.
Die Oeſterreicher hatten 900 Todte und Verwundete. So wichtig dieſer Sieg war, ſo ſahe doch
General Kaunitz wohl ein, daß die Franzoſen
ihr Vorhaben keineswegs aufgegeben hatten, weil

C   ſie

fie von allen Orten neue Verstärkungen an sich
zogen. Er bath daher ebenfalls um Verstärkung;
worauf am 26. May des Fürsten von Reuß
Durchl. mit 10000 Mann neuen Truppen zum
Kaunitzischen Korps stieß. Der kaiserliche General beschloß nun am 27. May selbst über die
Sambre zu gehen, und den Feind anzugreifen.
Unterdessen hatte die Besatzung von Maubeuge
am 25sten abermals einen hitzigen Ausfall gethan, und die Kaiserlichen auf eine Stunde zurückgetrieben. — Die Brücke über die Sambre
bey der Abtey Alne hatten die Franzosen mit einer Batterie und Kanonen besetzt. Um nun den
Uebergang über den Fluß zu bewirken, paßirte
ein Korps Kaiserlicher bey Marchiennes au pont
und fiel dem Feinde in die Flanke, wodurch letzterer gezwungen wurde, jene Posten zu verlaßen,
und die Kaiserlichen gewannen dadurch den Uebergang über den Fluß.

Während diesen Vorfällen an der Sambre
hatte Gen. Beaulieu ein Korps Franzosen, welches von Bouillon ins Luxemburgische einfallen
wollte, angegriffen, und total geschlagen, 1500
Mann getödtet, 700 gefangen genommen, und
5 Kanonen erobert. Der Rest des feindlichen
Korps retirirte sich ins Kastell zu Bouillon. Beaulieu folgte ihm, und drang in die Stadt selbst
ein; da aber die Einwohner aus den Fenstern
auf die Oesterreicher schoßen, so drang der
erbitterte Soldat in die Häuser ein, und machte
alles nieder. — Die Entfernung des Generals
Beau-

Beaulieu mit seinen Truppen hatte sich indessen ein Korps streifender Franzosen, welches an den Luxemburgischen Grenzen stand, zu Nutzen gemacht, und brach am 21sten May bey Arlon ein. Der erste Schrecken machte die 1500 Feinde zu einer großen Armee, und Gen. Beaulieu fand sich dadurch bewogen, um nicht abgeschnitten zu werden, von Bouillon zurück nach Marche und von da nach Ciney zu ziehen, um das von der französischen Sambrearmee bedrohte Namur zu decken. — Im Lüttichschen äußerten sich zur nämlichen Zeit, durch die französischgesinnten Einwohner, neue Unruhen, welche aber bald durch des Prinzen Ferdinand von Würtemberg Durchl., welcher das Kommando übernahm, gute Vorkehrungen gedämpft wurden.

Gen. Charbonnier zog, wie oben gesagt worden, nach der Niederlage bey Binche, beträchtliche Verstärkungen an sich, und suchte nun schlechterdings den Uebergang über die Sambre zu forciren; welches Vorhaben ihm auch wirklich am 28. May glückte. Die kommandirende kaiserl. Generäle Graf Kaunitz und Bar. Schröder zogen sich über die Sambre, hinter Charlesroy zurück, worauf die französische Armee vor erstgenannte Stadt rückte, solche belagerte und bombardirte. Gen. Graf Kaunitz und Bar. Schröder, an deren Stelle kurz nachher der F. Z. M. Bar. Alvinzi das Kommando erhielt, zogen sich zurück, und der Stadt wurde aufs heftigste zugesetzt. Die französischen Vorposten standen schon zu

Coßes

Goßelies. Zugleich that die Garnison aus Maubeuge einen abermaligen Ausfall, griff das kaiserl. Korps bey Berſilly an, bemächtigte ſich des Dorfs und verdrängte die Oeſterreicher bis Bettignis. Glücklicher Weiße bekamen letztere noch zu rechter Zeit Verſtärkung, ſchlugen den Feind zurück, eroberten Berſilly wieder, und jagten den Feind mit einem Verluſte von 1000 Mann nach Maubeuge zurück. — Charlesroy wurde mitlerweile vom 29. May an ſtarck beſchoſſen, und die Gefahr vor Brabant und Brüßel nahm immer mehr zu. Kaiſer Franz rettete es aber auch noch dieſesmal. Er beorderte noch mehrere Truppen in die Gegend von Charlesroy, übertrug dem Erbprinzen von Oranien das Kommando, und eilte am 1. Juny ſelbſt dahin, rekognoszirte den Feind, und ließ Goßelies beſetzen. Nachdem er ins Hauptquartier zu Gemappe zurück gekommen, wurde ſogleich Ordre gegeben, am folgenden Morgen den Feind anzugreifen. Dieß geſchah ſchon um 3 Uhr früh am 3. Juny. Bis 6 Uhr begann ſchon das allgemeine Treffen, welches bis 10 bey Goßelies, Thumion und Vieville, nachher bey Flerüs und zuletzt bey Charlesroy ſelbſt geliefert ward. Zur nämlichen Zeit that die Beſatzung einen hitzigen Ausfall, und fiel dem Feind in die Flanke, welches den Rückzug der Franzoſen beſchleunigte. Sie giengen in größter Eil über die Sambre zurück, hatten aber im voraus Vorkehrungen getroffen, daß ihre Artillerie

rie gerettet wurde. Indessen war ihr Verlust an
Menschen sehr ansehnlich, und wurde auf 4000
gerechnet. Um 11 Uhr zog der Kayser schon in
das befreite Charleston ein.

In Flandern machte Pichegrü, nach der
Schlacht vom 22. May, Bewegungen, als wollte er sich ganz aus jenem Lande zurückziehen.
Die Alliirten behaupteten ihre alte Stellung von
Dornick über Leers, Templeneuve und Pecq an
der Schelde. Clairfaits Hauptquartier war zu
Thielt, von da er gegen Roußelaer vorrückte. In
dieser Stellung wurde er am 6. Junn angegriffen, schlug aber den Feind mit einem Verlust
von 1000 Mann glücklich zurück. Indessen zog
ein Theil der französischen Armee gegen Ypern,
welches belagert und bombardirt wurde. Dadurch
war die Garnison von Fürnes geschwächt
worden, daher 500 Mann von Nieupott deta-
schirt wurden, die Franzosen aus Fürnes zu
verjagen. Dies glückte auch, und wurden dabey
noch 55 Gefangene gemacht. — Graf Clairfait
wurde mit 13000 Mann unter dem Grafen von
Wallmoden verstärkt. Mitlerweile kam der Kaiser wieder zu Dornick an, und ließ sogleich Befehl ertheilen, auf den folgenden 11. Junn dem
Feinde eine neue Schlacht zu liefern, und alle
Kräfte aufzubiethen, denselben zu vertreiben.
Wirklich gieng auch die Alliirte Armee des andern Tags auf Pichegrü los, um ihn in seinen
Stellungen bey Lannoy, Roubaix, Tourcoing
und Mouveaux anzugreifen, allein der feindliche

C 3 Ge-

General wich der Schlacht aus, und zog sich dem Anscheine nach gegen Ryßel zurück, schwenkte sich aber, und gieng mit seiner Hauptmacht gegen Ypern, und den Gen. Clairfait. Letzterer verließ seine Stellung bey Thielt, um Ypern zu Hülfe zu kommen. Es kam nun am 10. und 11. Junny zu einem sehr blutigen Treffen, in welchem zwar Graf Clairfait mit seiner Kolonne siegte, 10 Kanonen erbeutete, und dem Feinde 2000 Mann tödtete, sich in der folgenden Nacht aber doch wieder nach Thielt zurück ziehen mußte, da die andere Kolonne seiner Armee der Uebermacht nicht hatte widerstehen köñen, und nach Brügge retiriren müßen. Während der Schlacht hatte Clairfait jedoch Ypern noch mit Munition und Provision versehen können. Die Belagerung dieses Platzes wurde nun von den Franzosen lebhaft betrieben, und durch ein feindliches Korps auch noch Fürnes und Dixmüde eingenommen, und bis nach Thourout vorgerückt. F. Z. M. Clairfait erhielt neue Verstärkung, die Armee des Herzogs von Sachs. Coburg (des Kaisers Maj. waren nach Wien zurückgegangen) rückte gegen Cortryck vor, und der Herzog von York postirte sich an der Schelde bis Pecq. Man sah täglich einem neuen blutigen Treffen entgegen.

An der Sambre hatte Gen. Jourdan das Kommando der feindlichen Armee, und zugleich die Ordre erhalten, schlechterdings Charleroy zu erobern, und nach Brüßel vorzudringen. Jourdan, unter Begünstigung eines Nebels, gieng wirk=

wirklich wieder über die Sambre, und schloß
Charlesroy neuerdings ein. Um diese Feste, ehe
Succurs kommen könnte, einzunehmen, liefen die
Franzosen am 13. 14. und 15. Juny Sturm,
wurden aber mit Verlust von 1900 Mann jedesmal abgeschlagen. Unterdessen war Gen. Beaulieu herbeygeeilt, und nun wurde am 16. Juny
Jourdan, zugleich vom Erbprinzen von Oranien,
dem Gen. Alvinzi, und Beaulieu angegriffen.
Anfangs mußte die Kolonne unter dem Erbprinzen von Oranien zurück weichen, da aber die beyden andern Kolonnen den Feind allenthalben geschlagen hatten, so rückte auch der Erbprinz wieder
vor, und nun floh die französische Armee in größter
Unordnung über die Sambre. 7000 Mann blieben
auf dem Schlachtfelde, 20 Kanonen, 30 Muni-
tionswägen, viele Artillerie Pferde und der größte
Theil der Bagage fiel den Alliirten in die Hände,
die auf diese Weise einen glänzenden Sieg erfoch-
ten. — Kurz zuvor den 12. Juny war das von
der großen Armee bey Cateau Cambresis zurück-
gebliebene Korps plötzlich gegen die dortigen französischen Posten angerückt, trieb sie bis nach Guise,
und auf der andern Seite drang es bis auf eine
Meile von Cambray vor.

Nach der nur erwähnten Schlacht bey Charlesroy hielt die Generalität der alliirten Armeen
im Hauptquartier zu Goßelies Kriegsrath, in
welchem beschlossen wurde, die Franzosen bey Marchiennes au pont und jenseits der Sambre an drey
Orten zugleich anzugreifen, und nach ihren Festun-

gen

gen zurück zu jagen. Leider! aber waren die alliirten Generale, vorzüglich von diesem Zeitpunkte an, immer mit Verräthern umgeben, welche die Feinde von allen Planen im voraus unterrichteten, und wo also alles mißlingen mußte. Jourdan, welcher von dem Angriffe benachrichtigt war, kam den Alliirten zuvor, gieng am 18. Juny in zahlreichen Haufen, an mehreren Orten zugleich über die Sambre, und bedrohte zugleich Namur, Charleroy und Brüßel. Gen. Beaulieu sah sich dadurch genöthigt, eine Position zur Deckung von Namur zu nehmen, ein anderes Korps postirte sich zu Quatre bras, und ein drittes setzte sich bey Capelle Herlanmont. Der Feind fand nun keinen Widerstand Charleroy zu berennen, und von neuen zu bombardiren. Der Erbprinz von Oranien war zu schwach der starken Macht der Franzosen Widerstand zu leisten, und Herzog von S. Coburg eilte deßwegen selbst mit 13 Bataillons, und 26 Eskadrons, von Dornick aus, dem geängstigten Charleroy zu Hülfe. Der Herzog von York übernahm das Kommando der ganzen Grenze von Valenciennes bis Nieuport. Prinz von S. Coburg kam schon am 23. Juny zu Nivelles an, und da die Uebermacht der Franzosen die Alliirten bereits bis Genappe zurück gedruckt hatte, so beschloß der kommandirende Feldmarschall, mit der ganzen kombinirten Armee den Feind am 26. Juny anzugreifen. Jourdan war von diesem Vorhaben im voraus wieder durch Verrätherey unterrichtet, und ängstete Charleroy dermaßen, daß sich die

aus

aus 2460 Mann bestandene Besatzung, welche sich keine Hofnung zum Entsatz machte, am 25. Juny zu Kriegsgefangenen ergab. Nun erwartete Jourdan ruhig auf den folgenden Tag den Angriff, und machte seine Dispositionen. Herzog v. Sachs. Coburg, welcher von der Uebergabe Charleroys nichts wußte, ließ die französische Armee mit Tages Anbruch am 26. Juny in ihren verschanzten Positionen zwischen Geselies und Fleurus in 5 Kolonnen angreifen, und jede trieb mit Muth und Tapferkeit den Feind zurück. Die Truppen drangen bis an die Retranchements auf den Anhöhen an der Sambre vor. Hier aber hatte Jourdan seine ganze Stärke zusammen gezogen, und erwartete die Allürten, mit dem ganzen zur Belagerung von Charleroy gebrauchten schweren Geschütz. Schon waren die alliirten Truppen im Begriff den zweyten Sturm auf die feindlichen Verschanzungen zu wagen, nachdem der erste zurückgeschlagen worden war, als durch Deserteurs die sichere Nachricht kam, daß sich Charleroy bereits Tags vorher ergeben habe, und der Endzweck des Angriffs also verfehlt war. Der kommand. F. M. Prinz von Sachs. Coburg ließ hierauf gleich retiriren, um nicht die Truppen unnützer Weise aufzuopfern. Die Kolonne des Gen. Beaulieu, welche eigentlich zum Entsatz von Charleroy bestimmt gewesen, war mitlerweile glücklich bis unter die Kanonen der Festung vorgedrungen, erstaunte aber natürlich, da sie, statt des gehoften Ausfalls, von der Artillerie des Platzes beschossen wurde, —

C 5

und

und mußte sich daher ebenfalls zurückziehen. Die Retirade der ganzen Armee geschah indessen in größter Ordnung ohne irgend einen Verlust, ja man hatte noch eine Kanone und eine Haubitze vom Feinde erobert. Die Alliirten verloren an diesem unglücklichen Tage gegen 1600 Mann. Man nahm die vor der Schlacht inne gehabte Stellung wieder ein, zog sich aber am folgenden Tage nach Nivelles, und von da nach Brainla= Leud um vor der Hand Brüßel zu decken.

In Flandern wurde Ypern schon seit dem 12. Juny beschossen. Gen. Clairfait war zu schwach, um die übermächtige französische Armee zu vertrei= ben, und mußte sich vielmehr selbst von Thielt nach Deinse zurückziehen. Gen Salis, der in Ypern kommandirte, ohne Hofnung des Entsatzes, ergab sich nun am 18. Juny, nach einer 14tägigen ta= pfern Vertheidigung mit der in 2 Bataillons K. K. und 6 Bataillons Heßischer Truppen bestan= denen Besatzung. Als der Feind Ypern inne hatte, drang er mit Macht gegen den Grafen Clairfait bey Deinse an, welcher bis Gent zurückweichen mußte; worauf die Hannoveraner auch Brügge räumten, und hinter den Kanal bey Gent retirir= ten. Am 24. Juny griffen die Franzosen den Gra= fen Clairfait in 3 Kolonnen in seiner Stellung bey Gent an, wurden aber mit einem Verluste von 1200 Man geschlagen, und 2 Meilen weit ver= folgt. Der zu gleicher Zeit vom Feinde gemachte Versuch bey Gavre die Schelde zu paßiren, wurde ebenfalls mit ansehnlichen Verluste der Franzosen ver=

vereitelt. Bey der immer mehr wachsenden Ueber=
macht des Feindes, und den bisher angeführten
bedenklichen Umständen, fand sich der Herzog von
York bewogen, ebenfalls eine andere Stellung zu
nehmen, er ließ eine Garnison zu Dornick, und
verlegte das Hauptquartier nach Renair. Kurz
darauf griffen die Franzosen Dornick und Oude=
narde an, wurden aber zurückgeschlagen. Dessen
ohnerachtet verließ man bald darauf beyde Plätze
von selbst.

Pichegrü hatte bisher, soviel immer möglich,
ein entscheidendes Haupttreffen vermieden, hatte
dafür, ohne sich um Menschenverlust zu beküm=
mern, theilweise Angriffe gemacht, und dadurch
den Alliirten einen nicht so leicht zu ersetzenden
Schaden an tapfern Kriegern verursacht. Er ver=
einigte zu Ende Juny seine Nordarmee mit der
Ardennen und Moselarmee des Gen. Jourdan,
und seine Macht stieg dadurch zu der außerordent=
lichen Zahl von mehr als 400000 Menschen.
Diese erstaunliche Macht, wenn sie auch von den
alliirten Truppen gänzlich aus den Niederlanden
zurückgeschlagen worden wäre, hatte immer im
Rücken sichere Zufluchtsörter in ihren Festungen,
und konnte durch die gewaltsamsten Mittel bald
wieder zu der vorigen Größe gebracht werden.
Hingegen sind die österreichischen Niederlande ein
ofnes Land, ohne Festung, wo blos die Tapferkeit
der alliirten Armeen den Franzosen, Bollwerk
und Dam entgegen setzen mußte. Diese Umstände
bewogen des Kaisers Majestät, und den komman=
direm

direnden G. F. M. Herzog von Sachs. Coburg, in einem noch günstigen Zeitpunkte, ehe noch mehrere brave Soldaten ohne Nutzen aufgeopfert würden, lieber die Niederlande zu verlassen, und sich in eine Position hinter die Maas und den Rhein zurück zuziehen, wo man dem zahllosen Feinde eher, ohne sogar großen Menschenverlust, die Spitze bieten könnte. Nicht Verlust an Schlachten war die Ursache des beschloßenen Rückzugs, wie die bisherige Geschichtserzehlung genugsam bezeuget, sondern vorerwehnte Umstände, und die strafwürdigste Unthätigkeit der Niederländer, die billig ihrem Schicksale überlassen wurden, da sie auf mehrere Aufforderungen sich zu bewafnen, ihr Eigenthum zu vertheidigen, und die Armeen, die für sie stritten, zu unterstützen, taub und gefühllos geblieben waren. Nach dem beschloßenen Plane des Rückzugs, und nachdem die Festungen Landrecy, le Quesnoy, Valenciennes und Conde mit starken Garnisouen und allem Nöthigen zu einer Belagerung versehen waren, erhielt das Korps, welches bisher zu Cateau Cambresis gestanden hatte, Ordre, sich über Valenciennes nach der Schelde zurück zu ziehen. Die ganze übrige Armee der Alliirten, die noch 130000 Mann stark war, zog sich theils über Ath, theils über Brüßel zurück. Der Prinz von Coburg gieng mit seiner Armee Brüßel vorbey, nach Löwen und Tirlemont, wo er eine Postenkette bis gegen Namur bildete, und auf der andern Seite zog Clairfait über Anderlecht, durch und Brüßel vorbey, ebenfalls gegen
Löwen.

Löwen. Zu Deckung des Rückzugs hatte Prinz
Coburg zwischen Genappe und Wittersee ein klei-
nes Korps zurückgelassen, welches die Franzosen
zwar, so wie den Erbprinzen von Oranien bey
Watterloo angriffen, es endigte sich aber beydes,
ohne sonderlichen Verlust, mit einer Kanonade.
Die holländische Armee zog sich nach Holländisch-
Flandern, an der Seite der englischen unter dem
Herzoge von York, welche über Alost gegen Antwerpen marschirte. Nun wurde in den ersten
Tagen des Julius Brügge, Gent, Ostende und
ganz österreichisch Flandern vom Feinde besetzt,
so wie er auch schon am 10. July in Brüßel
einrückte.

Um den Feind irre zu führen, ließ zwar Prinz
Coburg die Armee wieder etwas vorwärts Bewegungen machen, (so rückte Z. E. Gen. Beaulieu wieder nach Namur) alleine dieses war blos
zum Schein geschehen, vielmehr räumten die Kaiserl. am 15. July auch Mecheln, welches der Feind
besetzte. Am 14. July kam das Hauptquartier
von Löwen nach Tirlemont, von da wurde es nach
St. Tron verlegt, und am 18ten stand ein Theil
der Armee schon zu Tongern und gegen Lüttich zu.
Der Fürstbischof von Lüttich verließ seine Residenz, und das Gepäcke der kaiserl. Armee nahm
den Weg nach Kölln. Bey Viset wurde ein neues
Lager abgestochen, wo die Armee etwas ausruhen
wollte. Gen. Clairfait kommandirte den linken
Flügel, Beaulieu den rechten, und Prinz Coburg
das Zentrum. Unterdessen waren die Franzosen
mit

mit Macht vor Namur gerückt, und hatten die Stadt und Citadelle, wo nur 300 Man lagen, mit Kapitulation eingenommen. — Die englische Armee zog sich hinter Antwerpen nach Contich, Araschaer und Lier zurück, wo sich die Holländer an sie anschloßen. Beyde Armeen waren nun von den Kaiserlichen getrennt, agirten für sich alleine, und ließen von Antwerpen alle Kriegsbedürfnisse nach Breda bringen, um den weitern Rückzug nach holländisch Flandern zu nehmen. — Prinz Coburg paßirte am 21. July bey Maßtricht, Reckhem und Stockhem die Maas, ließ aber ein Korps von 25000 Mann unter dem Grafen la Tour bey Viset zurück, welches sich bis Lüttich ausdehnte. La Tour hatte Lüttich stark besetzt, als aber am 27. July die Franzosen anrückten, zogen sich die Kaiserlichen langsam aus der Stadt auf die Karthause, wo sie sich setzten, und starke Verschanzungen anlegen ließen. Da bey diesem Rückzuge die Lütticher selbst auf die Oesterreicher geschossen hatten, so wurden Kanonen gegen die Stadt gerichtet, und beträchtlicher Schaden darinn angerichtet. Nur erwehnte Retirade geschah unter beständigen Gefechte, indem die Franzosen den Kaiserlichen folgten. Sie wurden aber mit einem Verluste von 2000 Mann zurückgeschlagen, und besetzten nun die Zitadelle, von wo aus sie jedoch den Kaiserlichen keinen Schaden zufügen konnten; letztere hingegen richteten ihre Artillerie auf die Vorstadt Amarcour, und hielten so den Feind in Respekt. — Prinz Coburg verlegte sein Haupt-

quar-

quartier nach Fouron le Comte, und war gesinnt,
vor der Hand die Maas zu vertheidigen, zu welchem Ende die Defensionslinie von Rüremonde
bis Lüttich auf dem rechten Ufer des Flußes besetzt, und Gen. Kray befehligt ward mit 6 Bat.
6 Compagn. leichter Truppen, und 4 Eskadr. die
Vorpostenkette vor Mastricht auf dem linken Ufer
zu formiren. Dieser General hatte auch bald bey
Bilsen und Tongern, und bey Masenyck mit etlich
1000 Mann starken feindlichen Kavalleriekorps
Scharmützel, die aber immer zum Nachtheil des
Feindes abliefen. Graf Clairfait stund zu Rüremonde, und Graf la Tour behauptete noch immer
die Karthause bey Lüttich. Am 5. Aug. fiel bey
Millen und Tongern eine blutige Aktion vor,
die von 4 Uhr Morgens bis 11 Uhr Mittags
dauerte. Die Franzosen wurden geworfen, in die
Flucht geschlagen, 1000 Mann auf dem Schlachtfelde getödtet, 500 Gefangene gemacht, und drey
Kanonen erbeutet. Das Scharmutziren dauerte
in den folgenden Tagen fort, man erwartete einen
Hauptangriff von Seiten der Franzosen, welcher
aber nicht erfolgte. Gen. Kray hielt den Feind
jenseits Mastricht in beständiger Beunruhigung.—
Bey den bisherigen Vorfällen, und dem Rückzuge
der österreichischen Armee gieng nur wenig im
Grunde verloren. Desto empfindlicher aber war
der Verlust der mit so vielem Blute und Zeitver-
luste in zwey Feldzügen erkauften Festungen le
Quesnoy, Valenciennes und Conde. Le Quesnoy ergab sich nach einer Belagerung vom 1. —

12. Aug. ohne daß die Festung noch Schaden
gelitten hatte, und die 3000 Mann starke Besatzung ward Kriegsgefangen. 119 Kanonen,
30000 Pf. Pulver, Patronen und andere Kriegsbedürfnisse fielen dem Feinde in die Hände. —
Die starke, wichtige Festung Valenciennes
wurde, ohne daß ein Schuß auf selbige geschehen
war, am 22. Aug. übergeben, und blos für die
4000 Mann starke Besatzung freyer Abzug be-
dungen. 227 Kanonen, 800000 Pf. Pulver,
unendlich viel an Munition und Provision rc.
erhielten die Franzosen darinen. — Auch Conde
wurde auf die erste Aufforderung, ohne einen
Schluß abzuwarten, übergeben. Die Garnison,
1600 Mann, erhielt wie die von Valenciennes frey-
en Abzug, und überließ dem Feinde 161 Kanonen,
viele Flinten, Pulver, Kugeln, Bomben, Haubitzen, anderthalb Millionen Pfund Bley und
Provision auf 6 Monate. Alle 3 Festungen waren
im besten Zustand.

So empfindlich auch die Einbuse dreyer so
wichtigen Festungen war, so blieb es doch noch
nicht dabey, sondern ein anderer nicht minder
großer Verlust ereignete sich fast zu gleicher Zeit
durch die feindliche Eroberung von Trier.
Die nunmehro wieder von der Rheinarmee getrennte feindliche Moselarmee gieng, 60000 Mann
stark, auf Trier los. Am 6. Aug. vertrieb sie die
kaiserlichen Posten von Merzkirchen bis an die
Consarbrücke, und schnitt dadurch die Kommunikation mit Luxemburg ab. Sie rückte darauf in

3 Kos

3. Kolonnen vor. Die ſtärkſte griff am 8. Aug.
die großen Verſchanzungen bey Pellingen an,
welche nur mit 2 Bataillons beſetzt waren, da
der kommandirende kaiſerl. Gen. von Blanken-
ſtein 3 Bataillons von ſeinem ohnehin ſchwachen
Korps nach Luxemburg hatte detachiren müßen.
Gegen eine ganz unerhörte Uebermacht hatten die
2 Bataillons zu fechten, und doch ſchlugen ſie
den Feind 4mal zurück, und tödteten ihm mehr
als 1000 Mann. Endlich aber da die Kräfte
nachließen, und viele auch geblieben waren, ſo
mußte ſich die brave Mannſchaft zurückziehen,
und auch Trier in der Nacht vom 8. — 9ten
Auguſt verlaſſen. — Dem mit der kaiſerl. Generalität verabredeten Plane nach, ſollte, als man
Nachricht von dem feindlichen Unternehmen erhielt, die königl. preuſiſche Armee dem Blanken-
ſteiniſchen Korps zu Hilfe kommen. Gen. Graf
Kalkreuth war deswegen auch wirklich am 5. Aug.
von Kreutznach aufgebrochen, um über Sobern-
heim, Kirn, Oberſtein und Birkenfeld, Trier zu
retten, und F. M. von Möllendorf marſchirte
mit dem Hauptkorps ſelbſt in die Gegend von
Kreutznach, und beorderte den Gen. von Rüchel
nach Meißenheim und Lautereck. Am 8. Aug.
war Kalkreuth ſchon über Birkenfeld bis Gom-
mersweiler vorgerückt, und man ſchöpfte die beſte
Hofnung; — aber leider! hatte an jenem Tage
nur die preuſiſche Avantgarde unter dem Gen.
Köhler bis über Neukirch vorrücken können, welche
die franzöſiſche Arrieregarde angriff, 6 Offiziers

D   und

und 100 Mann Gemeine gefangen nahm. In der Nacht darauf wurde nun Pellingen, und Trier von den Kaiserlichen geräumet, und von Franzosen besetzt. Gen. Kalkreuth, welcher folglich zu spät gekommen, da die Posten schon verloren waren, ließ den Gen. Köhler nach Birkenfeld zurückgehen, er selbst schlugs Lager in der Gegend des Stumpfen Thurms, und die großen Verschanzungen bey Pellingen nebst Trier blieben in französischen Händen.

Ihro Herzogl. Durchl. der kommandirende Feldmarschall der großen K. K. und Reichsarmee Herzog von Sachs. Coburg, durch die außerordentlichen Strapazen und Anstrengungen zweyer Feldzüge ermüdet, hatten längst um Abnehmung des zwar ehrenvollen, aber durch Länge der Zeit die Kräfte des großen Helden erschöpfenden Oberkommandes angehalten. Dieses Gesuch wurde von Kaiserl. Majestät um diese Zeit bewilligt, und Sr. Erzellenz dem würdigen, durch allgemein bekannte Thaten berühmten Grafen von Clairfait die Anführung wieder vertraut. Der neue kommandirende General ließ seine erste Sorge seyn, die Armee theils vor Angriffen zu sichern, theils das Korps des Gen. Kray jenseits der Maas zu verstärken, welches immer noch den Posten bey Herderen, gegen Tongern zu, behauptete. Am 9. Sept. wurden 16000 Mann aus dem Hauptquartier zu Fouron le Comte über die Maas beordert, welchen noch 7000 Mann nachfolgten, und worauf Clairfait, Alvinzi und Beaulieu selbst den

den Feind rokognoszirten. Der größte Theil der
kaiserl. übrigen Armee zog sich näher an das
rechte Ufer der Maas, ein anderer Theil wurde
zu Verstärkung des Postens auf der Karthaus bey
Lüttich beordert, und ein drittes Korps postirte
sich gegen Huy zu, an der Ourte hin. Graf Clairfait hatte sich einen Hauptschlag gegen den Feind
vorgenommen, sobald nur derselbe wieder aus Trier
vertrieben seyn würde, zu welchem Zwecke die preußische Armee unter dem F. M. von Möllendorf
mitwürken sollte. Dieser tapfere Feldherr verlegte
auch wirklich sein Hauptquartier nach Kreußnach,
detachirte ein Korps nach Kirn, sandte den Gen.
Köhler über Tholey auf die Chaußee gegen Saarlouis und schon streiften die leichten preußischen
Truppen bis an die Karthause bey Trier, so daß
die Franzosen sogar die Stadt verließen, und nur
täglich Patrouillen dahin sandten. Auf der andern Seite war Gen. Melas mit einem Korps
k. k. Truppen über Mittlich vorgerückt, so daß
aller Anschein vorhanden war, der Feind würde
bald wieder aus Trier vertrieben werden. —
Während dieser Vorkehrungen zu erstgedachtem
Unternehmen, hatten die Kaiserlichen an der Maas
und Ourte in der Mitte September fast täglich
hitzige Gefechte mit den Franzosen; besonders war
der 17. Sept. ein sehr heißer Tag. Mit Anbruch
des Tages griff der Feind, mit einer Macht von
90000 Mann, die ganze Linie der kaiserlichen
Posten von Mastricht bis Lüttich, und von da an
der Ourte hin an. Bey Mastricht würde Gen.

D 2   Kray

Kray genöthigt, nach tapferster Gegenwehr, sich
bis unter die Kanonen der Festung zurückzuziehen,
es kam aber bald Graf Clairfait mit Verstärkung
herbey, ließ den Feind wieder angreifen, und dieser
mußte sich mit Verlust 2000 Todter und 300
Gefangener retiriren.   Die Versuche des Feindes
an eben dem Tage bey Viset die Maas zu passiren, wurden ebenfalls glücklich vereitelt.   Blos
an der Ourte hin, hatten die Franzosen einigen
Vortheil, im Ganzen aber war das Treffen un-
entscheidend. — Nach der Gewohnheit der Franzosen in diesem Kriege, ohne sich um Menschenverlust zu bekümmern, in ganz überlegener Zahl,
ihre Angriffe so lange zu wiederholen, bis sie endlich durchdrungen, griff der Feind am folgenden
18. Sept. mit neuen Truppen verstärkt, und einer
Tollkühnheit ohne Beyspiel abermals an.   Die
Hauptmacht hatte derselbe an der Ourte zusammen gezogen. Ueber der Ourte hatten die Kaiserlichen starke Verschanzungen auf felsigten Anhöhen.   Das ganze östreichische, hier, bey Sprimont
und Esneux unter Kommando des Grafen LaTour,
Gen. Riese u. Finke stehende und den linken Flügel
der deutschen Armee bildende Korps, bestand aus 12
Bataillons, welche der franz. G. Jourdan selbst mit
40000 Mann attaquirte. Ohne Pontons setzten die
Franzosen, bis unter die Arme im Wasser, durch
die Ourte, stürmten die kaiserlichen Verschanzungen, und erkletterten die felsigten Anhöhen. Drey-
mal wurden sie über den Fluß zurückgeworfen,
100weise ersoffen sie, und doch ließen sie nicht ab,
weil

weil der unglückliche Franzos keine Wahl hatte;
denn wich er zurück, so wurde er durch seine eigene
Mitbrüder, durch die Artillerie getödtet. Endlich
beym vierten Sturm wurde der linke Flügel der
österreichischen Armee geworfen, kam in Unord:
nung, verlor 10 Kanonen, und mußte retiriren.
Durch diesen Unfall war auch das Korps bey der
Karthause in Lüttich unter Gen. Quosdanowich in
Gefahr umgangen zu werden, und war daher auch
genöthigt, diesen wichtigen Posten zu verlassen.
G. Gf. La Tour zog sich nun nach Herve, und von
da nach Henry Chapelle, wo er am 20. Sept. ein:
traf. Zugleich mit dem vorerzehlten Hauptangriff
am 18. Sept. wurde auch Gen. Lillen, bey Ron:
cevcur, Saignetz und Anvaille von großer Ueber:
macht attaquirt, und zum Rückzug gezwungen.
Nicht minder ward G. Ott bey Rouvroy mit solchem
Ungestüme angegriffen, daß er mit Zurücklassung
von 11 Kanonen nach Beaufais retirirte, von
da er nach Clermont gieng. Kaum war er am
20. Sept. daselbst angekommen, als ihn neuer:
dings 18000 Feinde angriffen. Glücklicher Weise
wurde er durch andere in der Nähe befindliche
Korps unterstützt, und vertheidigte sich aufs ta:
pferste. Der Feind drang seiner Gewohnheit nach,
ob er gleich mehrmalen zurückgetrieben war, mit
frischen Truppen vor, bis er endlich mit dem Ba:
jonette angegriffen, geworfen, und mit einem Ver:
luste von 2000 Mann in die Flucht getrieben
wurde. Der Feind verlor am 18. Sept. in den
verschiedenen Gefechten wenigstens 7000 Mann,

D 3   und

und die zwey folgenden Tage 3000. Die Kaiserlichen hatten 1100 Todte und Verwundete,
und 1800 Vermißte und Gefangene, zusammen
3000 Mann Verlust.

Nachdem der linke Flügel der kaiserl. Armee
überwältiget war, so sah sich Graf Clairfait gezwungen, auch mit dem Hauptkorps zurück zu weichen. Er verstärkte die Besatzung in Mastricht
bis auf 10000 Mann k. k. Truppen, und zog
sich von Fouron le Comte über Wilder, und Her-
zogenrad, nach Ober und Niederziern, wo am
27. Sept. das Hauptquartier war. Die kaiserl.
Armee lagerte sich hinter der Roer, und ihre Positionen waren von Linnich über Jülich bis hinter
Düren. Gen. Jourdan folgte den Deutschen über
Aachen nach. Schon am 24. Sept. hatte er sie
in ihren S t e l l u n g e n an mehreren O r t e n
angegriffen, war aber mit V e r l u s t von 2000
Mann repoussirt worden, und nichts wäre leichter
gewesen, als daß Graf Clairfait, wenn der Rückzug nicht beschlossen gewesen wäre, wieder hätte
vorrücken können, so aber wurde schon das Gepäcke, Bäckerey, Fuhrwesen ꝛc. durch Kölln über
den Rhein geschickt. — Am 29. Sept. griffen
die Franzosen zu Gürzewich, 1 Stunde von
Düren, abermals an, wurden aber wieder mit
1000 Mann Verlust geschlagen. — Viel blutiger noch war der 2. Okt. Jourdan griff mit seiner ganzen Macht alle kaiserl. Positionen an der
Roer an, um den Grafen Clairfait von diesem
Flusse zu verdrängen. Mit 18000 Mann wurde
Gen.

Gen. Werneck bey Effelt und Ratten angegriffen; 30000 Mann attaquirten den Gen. Kray bey Linnich und Jülich, 6000 machten gegen den Mittelpunkt der Deutschen, bey Niederzieren, eine Demonstration; mit 40000 Mann ward Gen. La Tour bey Düren angefallen, und noch 6000 Mann giengen auf den Grafen Haddick, welcher bey Nidecken stand, los. Diese über 100000 Mann betragende Macht stürzte mit heftigster Wuth auf die verschiednen k. k. Korps, deren schwache Vorposten weichen mußten, worauf die Franzosen zwischen Nidecken und Düren die dort seichte Roer paßirten, ein anderes Korps aber bey Bilgersdorf über den Fluß setzte. Auch bey Aldenhofen griffen sie an, und drangen endlich durch. — Graf Clairfait retirirte nun immer weiter. Am 5. Okt. Nachmittags kam es zwischen Königsdorf, Junkersdorf ꝛc. 2 Stunden von Kölln zwar noch zu einer lebhaften Kanonade, allein die Nacht darauf vom 5. auf 6. Okt. gieng die kaiserl. Armee bereits bey Kölln über den Rhein, nachdem den 5. Okt. den ganzen Tag hindurch bereits kleinere Korps bey Düsseldorf über den Fluß gesetzt hatten. Um 12 Uhr Mittags am 6ten war Kölln schon von den Franzosen besetzt. Da Graf Clairfait den Franzosen andeuten ließ, daß er Kölln in Grund schießen lassen würde, wenn nur ein Schuß von dort aus, auf das dißseitige rechte Rheinufer geschähe, so hatte dieses die gute Wirkung, daß alles, was von Kölln herüber ans Ufer gebracht, aber noch nicht weiter hatte fort=

geschaft werden können, ruhig gerettet werden
konnte. — Bey Düsseldorf, welches statt der
pfälzischen mit kaiserlicher Besatzung belegt worden war, versuchten die Franzosen am nemlichen
Tage über den Rhein zu setzen. Es kam dabey
zu einer sehr lebhaften Kanonade, indem die Franzosen, welche eine Brücke schlagen wollten, die
Kaiserlichen äußerst heftig mit Bomben und glü-
henden Kugeln beschossen, wodurch in dem schönen
Düsseldorf ein großer Schaden angerichtet wurde.
— Der Verlust der österreichischen Armee während des Rückzugs über den Rhein bestand in
200 Todten, gegen 300 Verwundeten, und 500
Vermißten und Gefangenen. — Auf der Seite
und in der Gegend von Kölln fielen nach dem
Uebergange der Kaiserlichen über den Rhein keine
erhebliche Kriegsvorfälle in dem 1794sten Jahre
weiter vor. Blos bey der königl. preuß. Festung
Wesel ereignete sich am 9. Nov. ein sehr ernst-
licher und blutiger Auftritt. Lange schon hatten
die am linken Rheinufer stehenden Franzosen diese
Festung bedroht, weshalb der preußische Kommandant Obrist von Tschirschky auf seiner Huth war,
und die jenseits des Rheins gelegene Insel besetzen, und in Vertheidigungsstand herstellen ließ.
Da der angebrachten Befestigungen ohnerachtet
die Gegend jenseits des Kanals noch sehr bornirt
blieb, so sollten die dortigen Dämme abgetragen,
und eine Art von Flesche erbaut werden. Man
hatte etwa die Hälfte dieser Arbeiten vollendet,
als ein Korps kaiserl. königl. Truppen bey Wesel

sel den Rhein passiren sollte, um der beängstigten
holländischen Festung Nimwegen, zu Gunsten
des Herzogs von York, und Erbprinzen von Oranien zu Hülfe zu kommen, und eine Diversion zu
machen. Man schlug also bey Wesel eine Brücke
über den Kanal, legte davor ein tete de pont an,
und machte Anstalten zur Schlagung der großen
Brücke über den Rhein. Der Ort Büderich
liegt vom Rhein ganz eingeschlossen, und daher
wurde auch dieser befestigt. Mitlerweile hatte sich
am 8. Nov. Nymwegen an die Franzosen ergeben, und diese griffen gleich Tags darauf mit
Macht Büderich an, warfen die Arbeiter und
Kavallerie nach tapferer Gegenwehr zurück, und
drangen sodann gegen die Infanterie los. Nach
der tapfersten Gegenwehr zog sich letztere aus
Büderich gegen das tete de pont, vertheidigte dieses lange Zeit, endlich aber mußte Infanterie und
Kavallerie über die Kanalbrücke auf die Insel,
und von da aus theilweise mit der fliegenden
Brücke über den Rhein gebracht werden, wobey
der königl. preuß. Kommandant in der Flesche
H. v. Neander durch ein kreutzendes Kartetschen-
Feuer den Rückzug sehr erleichterte, und dem Feinde
überhaupt mehr als 600 Mann bey den verschiedenen Angriffen getödtet wurden. Sobald die
k. k. Truppen über den Rhein waren, fiel das
ganze feindliche Feuer auf die preußische Flesche,
und nur durch außerordentliche Geschicklich- und
Tapferkeit wurde das Geschütz und die Mannschaft,
unter Mitwirkung des Festungsgeschützes, end-

D 5

lich

sich ebenfalls über den Rhein gerettet. Da der Feind zuletzt sein Geschütz auf den Hafen und die im Rhein liegenden Schiffe gerichtet hatte, so geschah ein beträchtlicher Schaden dadurch. — Nach diesem Vorfall fiel aber bey Wesel kein Schuß mehr von beyden Seiten.

Die kaiserl. Hauptarmee war, wie bereits gesagt worden, bey Kölln über den Rhein zurück gegangen, und besetzte nun das rechte Ufer des Flusses. Noch waren aber verschiedne abgetheilte österreichische Korps, welche ihre Stellungen bey Koblenz und gegen Trier zu behaupteten. Gegen diese wendete sich nun die ganze französische Macht 80000 Mann stark. Gen. Graf Nauendorf hatte bisher, und ehe Graf Clairfait über den Rhein gegangen war, den Posten von Kaisersesch, und als dieser nicht mehr zu behaupten war, die Ahr vertheidigt, um in Gemeinschaft mit dem L. F. M. Melas und den Preusen zur Wiedereroberung von Trier zu wirken. Als nach dem Verluste von Kaiseresch auch die Stellung an der Ahr nicht mehr zu behaupten war, zog sich Gen. Nauendorf hinter die Nethe. Der französische kommandirende Gen. Jourdan sah wohl ein, daß er den erstgedachten österreichischen General schwerlich vom Nethe Flusse würde vertrieben können, wenn er auf der Straße von Bonn nach Koblenz vorrückte, weil diese ein Defilee ist, und von den kaiserl. Batterien am rechten Rheinufer bestrichen werden konnte, er umgieng daher den Fluß über Altenahr und Meyen, indessen eine andere Ko-

lonne seiner Armee auf Kaiseresch und Kochheim
vorrückte. Die Absicht des Feindes dabey war
den Grafen Nauendorf von Koblenz zu trennen,
welchem daher, als die Franzosen schon zu Polich
angekommen waren, keine Wahl mehr übrig blieb,
als sich nach Koblenz zu ziehen, und da mit dem
Gen. Melas zu vereinigen. Am rechten Mosel-
Ufer war der Feind schon bis Kirn und Kastel-
laun vorgedrungen, und in Bingen eingerückt.
Das preußische Korps unter dem Grafen Kalkreuth, welches Trier (wie weiter unten folgen
wird) mit zurückerobern helfen sollte, hatte sich
nach dem Uebergang des Grafen Clairfait über
den Rhein zurückgezogen, und der k. k. Gen.
Melas konnte nach dem Rückzuge der Preußen,
ob er gleich ein Korps nach Schönecken detachirt
hatte, um sich vor einem Ueberfalle zu sichern,
dennoch die Eingänge zum dortigen Defilee nicht
mehr gewinnen, ohne welche der Hundsrücken
nicht zu behaupten ist. Dessen ohnerachtet beschloß
dieser brave kaiserl. General den ihm anvertrauten Posten von Koblenz nur im äußersten
Nothfalle zu verlassen. Am 22. Okt. drang der Feind
mit seiner Avantgarde, welche 20000 Mann stark
war, über Polich und Bonn bis an den Wei-
ßenthurm bey Andernach und Kerlich vor. Die
Absicht auf Koblenz war nun klar, und Gen.
Melas verließ daher die unhaltbare Stellung am
linken Moselufer, welche einstweilen Graf Nauendorf besetzte. Schon am 23. Okt. rückte der
Feind in starken Kolonnen von Polich, Weißen-
thurm

thurm und Ochtendungen unter dem Schutze seiner Batterien näher an die Stellung der Kaiserlichen, jagte mit seiner Kavallerie zwischen die schwach besetzten österreichischen Verschanzungen, und bemächtigte sich derselben, des tapfersten Widerstands ohnerachtet. Die k. k. Infanterie zog sich daher eiligst über die Mosel herüber, und eben so schleunig wurden hernach die Pontonsbrücken abgebrochen. Der Feind errichtete gleich mehrere Batterien, und beschoß die Stadt, welches aber aufs lebhafteste erwiedert wurde. Die Kanonade währte von beyden Seiten zwey Stunden, worauf der Feind Koblenz durch einen Trompeter auffordern ließ. Gen. Melas sah ein, daß die Stadt in die Länge nicht zu behaupten sey, und daß die Retraite sodenn noch gefährlich werden könne, es wurde daher Koblenz den 23. Okt. Abends geräumt, nachdem zuvor das Geschütz und die Truppen über den Rhein gebracht waren.

Da es der ausdrückliche Befehl des Pariser Nationalkonvents war, das ganze deutsche linke Rheinufer mit allen darauf liegenden Festungen zu erobern, so wendeten die Franzosen nun ihre ganze Macht gegen Rheinfels und Mainz. Von letzterer Festung wird beym Feldzuge am Oberrhein gehandelt werden, Rheinfels aber wurde unmittelbar darauf, durch ein beträchtliches Korps belagert, und der erste Angriff am 26. Okt. mit einem heftigen Bombardement gemacht, aber tapfer zurückgeschlagen. Des Herrn Landgrafen von Hessenkassel Durchl. sammelten sogleich auf die
erste

erste Nachricht von der Belagerung 20000 Mann
um Ihrer bedrängten Rheinfestung zu Hülfe zu
kommen, — aber kaum war der tapfere Fürst
am 2. Nov. zu Bockenheim angekommen, als
er die Nachricht erhielt, daß der Kommandant
G. M. Resius die Feste bereits in der Nacht
auf den 1. Nov. mit der 1000 Mann starken
Besatzung verlassen, und dem Feinde überlassen
hatte. Der Herr Landgraf gieng daher mit seinem Heere zurück, der Kommandant sammt dem
übrigen Offizierskorps der Festung Rheinfels
aber wurde von einem niedergesetzten Kriegsge-
richte zur Verantwortung gezogen, den Platz ohne
Noth übergeben zu haben.

Bey der kaiserl. königl. Hauptarmee unter
dem Grafen Clairfait fiel nach den bisher erzehl-
ten Begebenheiten und dem Rückzuge über den
Rhein nichts von Erheblichkeit, während des 1794
sten Jahrs, mehr vor, ausser in so fern einige
Korps am Niederrhein gegen Holland zu,
noch Theil an den Kriegsvorfällen in eben ge-
nannter Republick nehmen konnten. — So wie
sich die k. k. Armee von den Niederlanden entfernt hatte, so zog eine starke französische Macht
gegen die holländischen Grenzen. Ein Korps fiel
in Cadsand ein, eroberte die Jungfernschanze,
und belagerte die kleine aber starke Festung Sluis
in Flandern. Der Kommandant vertheidigte sich
tapfer; und dieses muthvolle Benehmen, die aus-
gebrachten Ueberschwemmungen und Ausfälle kosteten den Belagerern dieses kleinen Platzes, nach

eig-

eignem Geständnisse, innerhalb 22 Tagen, als
so lang die Belagerung dauerte, 9000 Mann.
Endlich mußte sich der Platz am 26. Aug.
doch ergeben, und die noch 2000 Mann
starke, aber wegen des gar ungesunden Cli-
mas, fast ganz kranke Garnison wurde Kriegsgefangen.   Die französische Nordarmee, die sich
nun ganz wider Holland gewendet hatte, wurde
in mehrere Korps abgetheilt, das Hauptkorps
unter Pichegrü selbst, etliche 40000 Mann stark,
mußte beständig die Englisch-Hannöverisch-He-
ßische und den mit selber vereinigten Theil der
Holländischen Armee beobachten, und 3 andere
Korps zu 20000, 15000, und 12000 Mann
rückten gegen die holländischen verschiedenen Festungen vor. Anfänglich machte der Feind Miene
Breda zu belagern, wobey es zu mehrerern ernst-
haften Gefechten kam, aber bald wendete er sich
von da hinweg gegen Herzogenbusch, in die so-
genannte Meierey und bis nach Eyndhoven.
Die kleine holländische Armee unter dem Erbprinzen von Oranien postirte sich zwischen Breda
und Gertruidenberg, zog sich aber nachher bis
nach Gorcum (Gornichem), und der Herzog
von York lagerte bey Herzogenbusch, marschirte
jedoch am 8. und 9. Sept. näher gegen die Maas,
um sich mit einem Theile der kaiserl. Armee in
Kommunikation zu setzen. — Nach der Einnahme
von Sluis versuchten die Franzosen von der Insel
Cadsand aus eine Landung auf die Insel Wal-
heren, wurden aber von der bey Fließingen sta-
tio-

tionirten Englisch-Holländischen Flotille so übel
empfangen, daß von den zur Landung bestimmten
14 Schiffen 10 in Grund gebohrt, und die 4 übrigen erobert wurden. — Der Herzog von York
stand bis 14. Sept. an der Maas und bey Herzogenbusch, und ein Theil seiner Armee hatte, nach
der Seite der Maas zu, noch Gemeinschaft mit einem Korps k. k. Truppen unter dem Gen. Werneck rc. Am 14. Sept. wurden alle Posten des
rechten Flügels der englischen Armee von zahlreichen Feinden attaquirt, und besonders der vorderste zu Boxtel, welcher mit Heßendarmstädter
Truppen besetzt war. Dieser ward nach der verzweifelsten Gegenwehr dieser tapfern Mannschaft
überwältigt, und letztere erlitten einen ansehnlichen
Verlust dabey, welches verursachte, daß der Herzog
v. York seine Vorpostenlinie an der Dommel nicht
weiter behaupten konnte: und da die feindliche gegen
ihn stehende Macht schon auf 80000 Mann angewachsen war, so hielt er es vor rathsamer, einem
Treffen mit der so sehr übellegenen feindlichen Armee auszuweichen. Er zog sich am 16. Sept. mit
seiner ganzen Armee über die Maas zurück, theils
nach Nymwegen, theils nach Thiel, Bommel,
Grave, Gennep und Afferden. Seine Stellung
dehnte sich von Nymwegen bis Cranenburg u. Cleve aus, welch letzteres Herzogthum, so wie die meisten preuß. westphälischen Provinzen am linken
Rheinufer von den Franzosen besetzt, und mit nicht
geringern Kontributionen, als die andern eroberten
Länder belegt wurden. Nach diesem Rückzuge war
die

die Festung Herzogenbusch sich selbst überlassen.
Schon lange wurde diese Stadt vom Feinde bedroht, alleine man glaubte sie durch die alliirten
Armeen hinlänglich gedeckt, daher auch die Fe-
stungswerke nicht in den, zu einer langen Belagerung nöthigen Stand, hergestellt wurden. Auch
war die Garnison zu schwach, und man verließ
sich hauptsächlich bey Herzogenbusch, so wie bey
den übrigen holländischen Festungen auf die Ueberschwemmungen, welche Holland in vorigen Zeiten
so oft gerettet hatten, — die aber durch ein unbegreifliches (zum Vortheil des Feindes) Zusam-
mentreffen von Umständen diesesmal fruchtlos
waren. Der Herzog von York hatte bey seinem
Rückzuge über die Maas, wegen Mangel an
Truppen die Garnison in Herzogenbusch nicht
verstärken können, und diese war kaum 1300 Mann
stark, da doch zur vollständigen Besetzung 10000.
erforderlich gewesen wären. Die Ueberschwem-
mung war auch wegen niedrigen Gewässer schwach
ausgefallen, und traf nur eine Gegend. Dessen
ohnerachtet vertheidigte der heldenmüthige Landgraf
von Hessen-Philippsthal Durchl. die Festung vom
18. Sept. an aufs tapferste und nach Möglichkeit,
und der Platz würde sich viel länger gehalten haben,
wenn nicht der Obrist Tiboel, Kommandant des
Forts Crevecoeur wider ausdrückliche Ordre
des Erbstatthalters Hoheit den ihm anvertrauten
für Herzogenbusch äußerst wichtigen Posten bereits
am 24. Sept. ohne Noth übergeben hätte; weß-
halb er aber durch ein Kriegsgericht hernach ge-
rich-

richtet worden. Sobald der Feind Meister des
Forts Crevecoeur war, so ließ er die Ueberschwem=
mungen völlig ab, und führte seine Werke bis
unter die Mauern der Stadt. Die Garnison,
zu schwach, um Ausfalle zu thun, und durch den
täglichen Dienst abgemattet, konnte es um so we=
niger in die Länge aushalten, als es sogar an
Artilleristen fehlte. Ihro Durchl. der Landgraf
als Gouverneur waren daher nach einer 3wöchent=
lichen tapfern Vertheidigung genöthigt, die Fe=
stung am 10. Okt. mit Kapitulation zu übergeben,
nach welcher die Besatzung mit allen Kriegsehren
auszog, und sich anheischig machte, nicht mehr
wider Frankreich zu dienen, worauf sie entlassen
wurde. Herzogenbusch war von 20000 Mann
belagert worden.

Nach dem Rückzuge des F. Z. M. Grafen
Clairfait bey Kölln über den Rhein, und noch=
mehr, nachdem der Herzog von York bey Herzo=
genbusch die Maas paßirt, und diese Festung
selbst, so wie die bisherige Kommunikation mit
dem österreichischen Korps an der Maas grösten=
theils verloren war, blieb die Vertheidigung Hol=
lands allein der englischen und holländischen Armee
überlassen. Der Herzog von York verstärkte sich
daher in der Mitte Oktobers immer mehr bey
Nymwegen, ja am 11ten wurde ein feindliches
Korps, welches zwischen der Maas und der Waal
Posto gefaßt hatte, gänzlich zurückgeschlagen, 500
getödtet und 200 gefangen genommen. So be=
hauptete sich die englische Armee bis zum 19. Okt.

E   in

in ihrer Stellung disseits der Waal, an welchem
Tage 30000 Franzosen alle Vorposten des rechten englischen Flügels angriffen, besonders die von
Druthen und Appolthern. Die Engländer foch-
ten tapfer, aber das im englischen Solde stehende
Rohansche Emigrantenkorps wurde durch Uebermacht über die Hälfte aufgerieben, und das 31ste
Engl. Infanterieregiment, welches sich nach dem
Waaldyck gezogen hatte, sah unglücklicherweise
ein französisches Hußarenkorps für das Rohansche
an, welcher Irrthum machte, daß der größte Theil
jenes Regiments getödtet und gefangen wurde.
Dieser Verlust, und weil zu gleicher Zeit ein
starkes feindliches Korps zwischen Rüremonde und
Venlo die Maas paßirte, der englischen Armee
in die Flanke kam, auch Cleve schon besetzt hatte,
bewog den Herzog von York am 20. Okt. über
die Waal zu gehen, sein Hauptquartier nach Arnheim zu verlegen, und zur Vertheidigung jenes
Flusses Anstalten zu treffen. Zur Deckung von
Nymwegen blieb der hannöv. Gen. Graf Wallmoden zurück. Unmittelbar darauf umringten die
Franzosen Nymwegen mehr und mehr, besetzten
am 20. Okt. die Wichemische Heyde, drangen am
21. bis zur Teerschen Schleuse vor, besetzten den
Junkerbusch, und machten am 22. 25. 27. Okt.
wiederhohlte Angriffe auf die Außenposten. Ob
sie nun gleich jedesmal zurückgeschlagen wurden,
und in diesen Attaquen mehr als 1000 Mann
verloren, so fuhren sie doch, ohne sich um Menschen-
Verlust zu bekümmern, immer in ihren Angriffs-

An-

Anstalten und Anlegung neuer Batterien fort, daher der hannöv. Gen. von Hammerstein am 5. Novemb. einen Ausfall unternahm, welcher auch dermaßen glückte, daß die Franzosen nach einem hitzigen Gefechte aus den eröfueten Laufgräben vertrieben, und ihre Werke zu Velmoolen und verschiedne Batterien demolirt wurden. Auch tödtete die heßische Kavallerie gegen 500 Feinde, so, daß der feindliche Verlust an jenem Tage auf 1000 Mann geschätzet werden darf. Dessen ohnerachtet nahmen die Feinde noch am nemlichen Tage ihre vorigen Posten wieder ein, und beschossen am 6. Nov. die Stadt. F. Z. M. Graf Clairfait hatte dem Herzoge von York zugesagt, zu Gunsten von Nymwegen eine Diversion zu machen, daher auch (wie aus obigen erinnerlich seyn wird) bey Wesel ein Korps Osterreicher wieder über den Rhein gehen sollte. Dieses aber unterblieb hernach, weil schon am 7. Nov. Nymwegen von den Engländern geräumt wurde. Die holländische Garnison allein war, nach dem Abzuge der Engländer, zu schwach den Platz zu vertheidigen, und mußte sich daher in der Nacht des 8. Nov. ebenfalls zur Räumung entschließen, zumal da der franz. General einen Sturm vorbereitet hatte. Bey der Retraite über die Waalbrücke gerieth diese durch zu frühes Anstecken in Brand, und ein Detachement holländischer Truppen, welches hierauf mit der fliegenden Brücke den Uebergang versuchte, wurde zu Lenthe aus Irrthum von den eignen holländischen Batterien beschossen, nach

Nym-

Nymwegen zurück getrieben, — und auf diese
Weise fiel das holländische Regiment Stuart,
und ein Theil des Regiments Randwyck in französische Gefangenschaft.

Gegen die holländische Festung Venloo,
welche auf keine in der Nähe stehende Hülfe rech-
nen konnte, und sich selbst, und der Vertheidigung
einer schwachen Garnison von 1200 Mann
überlassen war, hatte sich bereits in der Mitte
Oktobers, ehe noch Nymwegen fiel, eine 12000
Mann starke Kolonne der französischen Armee
gewendet, und den Platz zur Uebergabe aufgefodert.
Der holländische Gen. Pfister, welcher in Abwe-
senheit des Gen. von Münsterer Festungs Kommendant war, da er außer der Schwäche der Garnison, noch Mangel an Lebensmitteln und Ammu-
tion litte, fand es für sachdienlicher lieber den
Platz unter einer vortheilhaften Kapitulation zu
übergeben, als die Festung unnützerweise der Belagerung auszusetzen. Und diese Kapitulation
kam am 25. Okt. dahin zu Stande, daß die Besatzung mit Waffen, Bagage und 10 Kanonen freyen Abzug erhielt, sich hinbegeben konnte,
wohin sie wollte, und gleich wieder gegen die Franzosen dienen durfte.

Die wichtige Festung Mastricht war, nachdem F. Z. M. Graf Clairfait die Stellung an
der Maas hatte verlassen müßen, noch mit 10000
Oesterreichern unter den Gen. Kray und Ott
(außer der holländischen Garnison) verstärkt
worden. Gleich nach obgedachtem Rückzuge, kam
der

der französische Gen. Scherer mit 48000 Mann
vor den Platz, und schloß ihn ein, so, daß die
Belagerung schon zu Anfang Oktobers begann,
und mit außerordentlicher Lebhaftigkeit betrieben
wurde. Der tapfere Gouverneur von Maftricht
des Herrn Landgrafen von Hessenkaßel, Prinzen
Friedrich Durchl. vertheidigten die Festung dagegen mit aller nur möglichen Einsicht und Tapferkeit. Am 13. Okt. wurde ein Hauptausfall
unternommen, dem Feinde gegen 1900 Mann
getödtet, verwundet und gefangen, die feindlichen
Werke und Batterien zerstört, und das stark an-
gegriffene Fort St. Pierre völlig befreyt. Die
Belagerer waren dadurch genöthigt, das Bombardement der Festung auf viele Tage einzustellen,
bis sie wieder neue Werke errichtet hatten. Als
diese fertig waren, wurde die Belagerung mit
noch größerer Hitze fortgesetzt, mit eben so großer
Tapferkeit aber sich von Seiten der Belagerten
vertheidigt, und dem Feinde noch durch öftere
Ausfälle empfindlicher Schaden verursacht. Da
aber endl. vorzüglich die Ammunition zu fehlen
anfieng, ein großer Theil Mörser und Kanonen
geborsten war, die Belagerer schon bis auf 30
Schritte vor die Pallisaden gekommen, und die
alliirten Armeen zum Entsatz zu weit entfernt
waren, so erforderte die Klugheit eine ehrenvolle
Kapitulation zu suchen, welche am 4. Nov. dahin zu Stande kam, daß die in noch 8000 Oesterreichern und 3000 Holländern bestandene Garnison am 7. Nov. mit allen Kriegsehren auszog,

E 3   aber

aber sich verbindlich machte, bis zur Auswechs=
lung nicht mehr wider Frankreich zu dienen.
Bles an Kanonen, Mörsern ꝛc. fielen dem Feinde
hier 200 in die Hände.   Die Stadt war gröſten=
theils eingeäſchert.

Nach der Uebergabe von Maſtricht wendete
sich ein Theil der französischen Belagerungsarmee
nach dem Oberrhein gegen Maynz, der gröſte
Theil aber, etwa 30000 Mann, zog gegen **Lu=
xemburg** um diese Hauptfestung, welche nach
dem Verluste der Niederlande, von Trier, Kob=
lenz ꝛc. ganz ohne Kommunikation mit Deutsch=
land, und abgeschnitten war, zu blockiren. Es
waren vorher schon etliche 20000 Franzosen in
dortiger Gegend, und diese Macht zusammen war
zur Blokade bestimmt.   Der tapfere Gouverneur
von Luxemburg aber F. M. Bender schlug die
französische Truppen mehrmals im Laufe des
1794ſten Jahrs von der Festung hinweg, drang
bis Trier und Longwy vor, und lagerte mit sei=
nen Truppen nicht in der Festung, sondern in den
benachbarten Dörfern, so daß er dem Feinde be=
trächtlichen Schaden zufügte, und im eigentlichen
Verstande nicht belagert genannt werden konnte. —
Das Weitere, Luxemburg betreffend, gehört jedoch
in die Geschichte des 1795ſten Jahrs.

Als Pichegrü Meister von Herzogenbusch,
Nymwegen, Venloo und Maſtricht war, richtete
er sein ganzes Bestreben dahin, die Waal zu
paßiren, und in das Herz von Holland selbst ein=
zudringen. Dagegen wurden Alliirter Seits alle
Vor=

Vorkehrungen getroffen, das Vorhaben zu vereiteln. Ein Korps kaiserl. Truppen von 12000 Mann wurde vom Niederrhein detachirt, und längs der Yßel vertheilt, um die Provinzen Oberyßel und Zütphen zu decken. Am Rhein und der Waal wurden Verschanzungen angelegt. Das kaiserl. Korps kommandirten der F. Z. M. Alvinzi und Gen. Werneck. Ihro königl. Hoheit der tapfere Herzog von York legten das Oberkommando der Englisch - Hannöverisch - Heßischen Armee um diese Zeit nieder, und dagegen empfieng Gen. Aberkombrie den Oberbefehl der Engländer, Gf. Wallmoden aber den über die Hannoveraner. In der letztern Hälfte des Monats November war es von beyden Seiten ziemlich ruhig, man hatte eine Art von Uebereinkunft getroffen, das unnöthige Blutvergießen einzustellen, und dieses machte den bedrängten Generalstaaten der vereinigten Provinzen Hofnung einen Waffenstillstand und Frieden etwa zu erlangen. Die französische List, welche kein Mittel zu ihrem Zwecke zu gelangen, es sey so niedrig, als es wolle, für unerlaubt hält, schmeichelte den Holländern mit solcher Hofnung; die französischen Generale versprachen sich deßfalls bey dem Nationalkonvente zu verwenden, und schläferten mit solchen Hofnungen die guten Holländer ein, daß sie, statt auf Vertheidigung zu denken, sich mit Friedens - Träumen nährten, ja, als die französischen Generale versicherten, für sich allein nichts weiter in der Sache thun zu können, zwey Abgesandte, die Herren Bräntsen

E 4   und

und Reewelaer nach Paris mit Vollmachten zu
Schließung eines Waffenstillstandes abordneten.
Diese Zeit benutzten die Franzosen alles zu einem
ernstlichen allgemeinen Angriff vorzubereiten.
Schon am 2. Dez. machten sie an verschiednen
Orten Versuche über die Waal zu setzen, (folg-
lich war die Einstellung der Feindseligkeiten von
selbst aufgehoben) wurden aber allenthalben durch
die Artillerie vom rechten Waalufer und das tiefe
Wasser abgehalten. Es waren dieses auch bloße
Versuche und Scheinangriffe. Das Fort St.
Andre wurde auch wieder beschossen. Vom 3ten
bis zum 7. Dezember wurden die Angriffe auf
Bergen op Zoom und **Breda** erneuert,
besonders versuchten sie den Posten von Ginne-
ken wegzunehmen, wurden jedoch zurückgewiesen.
— Die Festung **Grave**, welche schon vorher
von ihnen beschossen worden, wurde ebenfalls aufs
neue bombardirt, vertheidigte sich aber besonders
tapfer. Am 11. Dez. wurden wieder sämtliche
Stellungen von Byland Waard bis Wel angegriffen, um die Waal zu paßiren. Es gelang
ihnen bey Gent etwa 1000 Mann ans Land zu
setzen, und eine Batterie mit Kanonen zu erobern,
welche sie gegen die dort gestandenen hannövrischen Truppen selbst brauchten. Der hannöv.
Gen. von dem Busche brachte in Eile 4 Bataillons zusammen, mit welchen er den Feind
angriff, und glücklich wieder aus der Batterie
vertrieb. Die Feinde mußten so geschwind die
Flucht ergreifen, daß viele ihre Schiffe nicht
mehr

mehr erreichen konnten, andere aber mit samt den
Schiffen in Grund gebohrt wurden. Der brave
General von dem Busche verlor jedoch dabey auch
sein Leben, durch eine Kanonenkugel. Zu gleicher
Zeit wurde auf den übrigen von den Holländern
besetzten Posten angegriffen, besonders bey dem
Fort St. Andre, bey Roßum und Casperhoef,
überall aber der Feind repoußirt. Der französische
Verlust an diesem Tage beläuft sich auf mehrere
100 Mann. — Vom 11. Dez. an fielen täglich
an der Waal und Maas Kanonaden vor, wobey
des Feindes Absicht war, die Alliirten zu verhin=
dern, ihre am 11ten beschädigten Werke und Bat=
terien wieder herzustellen. Am 17ten machte der
Feind einen abermaligen Versuch die Maas zu
paßiren, um auf dem Bommelwaard zu landen;
wurde aber auch noch diesesmal durch die Tapfer=
keit des kommand. Gen. Landgr. u. Pr. v. Hessen=
Darmstadt Durchl. zurück geschlagen und ihm
mehrere Schiffe in Grund gebohrt. — So lange
kein heftiger Frost einfiel, war es den Franzosen
nicht möglich, bey den starken Verschanzungen
der Alliirten die Waal oder Maas zu paßiren,
und tiefer in Holland einzudringen. Die vorigen
Kriege der französischen Könige wider die Hollän=
der liefern mehrere Beyspiele, daß Winter=Kam=
pagnen immer zum Nachtheil der Franzosen in
diesem Lande, seiner natürlichen Lage, und den
Mitteln der Inundation nach, ausgefallen sind.
Aber durch unbegreifliches Zulassen der Vorsicht,
oder durch Zufall mußten diesmal die Elemente

E 5   sogar

sogar das Unternehmen der Franzosen begünstigen. Es fiel ein sehr starker Frost ein, welcher die Flüsse Maas, Waal und den Leck (Rhein), welche die Provinzen Geldern, Utrecht und Holland decken, zu einer Eisbrücke für den Feind umschuf. Pichegrü wußte sich dieses Vortheils, auf welchen er lange gelauert hatte, treflich zu Nutzen zu machen. Am 27. Dez. unternahm er einen allgemeinen Angriff auf alle Punkte der alliirten Verschanzungen und Positionen mit großer Uebermacht im Rücken und der Flanke, bemächtigte sich des Bommeler Waards, und gieng über die Waal, worauf die im Waard gestandenen Truppen über das Eis gegen Gorinchem und Löwenstein mit nahmhaften Verluste retiriren mußten, um nicht ganz abgeschnitten zu werden. So rettete sich auch mitten durchs feindliche Feuer das Hohenlohische in holländischen Sold stehende Korps auf dem Eis nach Löwenstein. Gen. Lieut. Prinz von Hessen-Darmstadt wollte mit 3 Bataillons Bommel zu Hülfe kommen, als er aber erfuhr, daß solches bereits in Feindes Händen sey, gieng er bey Rossum über die Waal, und kam glücklich bey Ops-Hemert an. Bey seiner Retirade hatte er jedoch die Kanonen im Fort St. Andre vernageln lassen. Zu gleicher Zeit wurden auch die Posten in Langstraat angegriffen, worauf der Feind mit großer Uebelegenheit gegen Kapellen und Waspick vorrückte, und die dortigen Truppen nach Gertruidenberg zu retiriren zwang. Ferner griff Pichegrü auch den rechten Flügel der Linie zwischen

schen Gertrudenberg und Breda an, umgieng die
Außenwerke, und attaquirte die Forts von Steek-
hofen. Auch die Uebergangsposten Swartenberg
und Lamsgat wurden mit überlegener Macht angegriffen und überwältigt, worauf die zu Zeven-
bergen unter Gen. Begelaer gestandenen Truppen
nach Willemstadt zurück weichen mußten, so wie
sich denn der zu gleicher Zeit attackirte Posten
zu der Heyde wegen gar zu großer Uebermacht
ebenfalls ergab. — Nur den Posten bey Haags-
ort unter Heusden, welcher zu gleicher Zeit angefallen wurde, konnte der Feind wegen des von den
Batterien gut unterhaltenen Feuers nicht nehmen,
sondern mußte mit Verlust abziehen. Tags nach
diesen für die Holländer unglücklichen Attaquen,
den 28. Dez. ergab sich auch die Festung Grave,
nachdem sie ihr tapferer Kommandant Gen. von
Bons, 6 Wochen lang vertheidigt hatte. Die
Garnison wurde Kriegsgefangen. — Am nemlichen 28. Dez. paßirte ein Korps von 5000 Mann
französischer Infanterie und etliche 100 Mann
Kavallerie die Waal bey Tuyl. Auf die hiervon
im englischen Hauptquartier zu Arnheim ange-
langte Nachricht brach am 29. Dez. Nachts Gen.
Dundas mit mehreren Regimentern englischer
Infanterie, einigen Regimentern Kavallerie und
einigen 1000 Hessen auf, den Feind zu vertreiben.
Der Angriff geschah am 30. Dez. früh. Die
Hessen attaquirten bey Waardenburg und Tuyl
und vertrieben den Feind, worauf sie auf den
Damm Kanonen aufführten, um ihm den
Rück-

Rückzug über die Waal abzuschneiden, welches auch glückte. Die Engländer thaten den Angriff bey Meteren, das Gefecht wurde mörderisch, und von dem ganzen französischen Korps entkamen nur wenige; die meisten wurden getödtet, oder gefangen.

Dieser glückliche Coup belebte die Hofnung der Holländer und Alliirten um so mehr wieder, als Thauwetter eingefallen war, und man, wenn solches stark angehalten hätte, die ganze französische Armee zu vertilgen hoffen konnte. Allein sowohl das Kriegsglück als die Witterung änderte sich plötzlich wieder zu Gunsten der Franzosen, die einmal die Eroberung Hollands beschlossen hatten, es koste was es wolle. Es wurden wie im ganzen Feldzuge, also auch hier keine Menschen geachtet, um zum Zwecke zu gelangen; — und wenn man die große Anzahl der bey dieser desperaten Winterkampagne von beyden Seiten getödteten, verstümmelten, umgekommenen, und durch eine so erstaunliche Kälte, wie im vorigen Winter war, der Gesundheit beraubten Menschen überlegt, so muß die Menschheit zurückschauern, und der Mann von Empfindung über ein verblendetes Volk seufzen, das Millionen seiner Mitbürger, blos der Ehrsucht einiger Wenigen aufopfert, und auch Tausende fremder Staaten mit in den Fall zieht. Doch die Berechnung des ohngefehren Verlustes der Franzosen in dieser Winterunternehmung, und die fernern Kriegsvorfälle bis zur gänzlichen Unter-

Unterwerfung der vereinigten Niederlande gehö=
ren in die Geschichte des 1795sten Jahrs, und
können folglich hier noch nicht Platz haben.

Wir kommen zur Geschichte der Kriegsbege=
benheiten am Oberrhein. Nach dem unglück=
lichen Rückzuge der kaiserl. und preuß. Armee
aus dem Elsaß, wovon zu Ende des vorigen Theils
Meldung geschehen, wurde die Festung Mann=
heim mit mehreren Bataillons kaiserl. Truppen,
außer der kurpfälzischen Garnison, verstärkt, und
die Rheinschanze stark besetzt. Die k. k. Truppen
wurden zwar in die Kantonirungen, aber so am
Rhein hinauf verlegt, daß sie dem Feinde den
Uebergang über den Fluß verwehren konnten.
Das Hauptquartier des kommandirenden Gene=
rals Grafen Wurmser war zu Heidelberg. In
den ersten Tagen des 1795sten Jahrs lebten die
disseitigen Rheinbewohner in großer Besorgniß,
wegen eines Uebergangs des Feindes über den Fluß,
daher im Breisgau, Würtenbergischen, Baadi=
schen, Hessischen, Frankfurt rc. auf eine allge=
meine Bewafnung der Unterthanen, gleich jener
im Churfürstenthum Trier, die immer aus 6000
Mann Landmiliz und 40000 Mann im allge=
meinen Aufgeboth, bestand, Bedacht genommen
wurde. — Die eroberte Festung Fort Louis
ließ der östreichische General mit noch mehreren
Truppen besetzen, und übertrug dem Gen. Lauer
das Kommando des Platzes; — auch die Reichs=
festung Philippsburg wurde mit außerordentli=
cher Thätigkeit wieder befestigt und hergestellt. —

Die

Die Franzosen auf ihrer Seite hatten nach dem
Rückzuge der Preußen und Oesterreicher, Speyer
und alle die schon vorher inne gehabten Theile der
Churpfalz, auch Zweybrücken ꝛc. wieder besetzt,
und begiengen darinn unerhörte Grausamkeiten
und Erpreßungen. Wenn eine Streifparthey ab-
gezogen war, kam die andere und plünderte
wieder. Die Blutigel, die französischen Kommiß-
särs ließen sich Geld vor manche Sachen von den
Unterthanen bezahlen, und wenn sie es gegeben
hatten, nahm man ihnen die Sachen doch weg.
Die Grausamkeit war in so hohen Grade, daß
die itzo herrschende moderirte Parthey im Nationalkonvent sogar Untersuchung wider diese Un-
menschen anzustellen, dekretirt hat. — Die Franzosen streiften in der Gegend von Mannheim bis
an die Rheinschanze, Oggersheim, Mundenheim ꝛc.
und bey dieser Gelegenheit fielen denn öftere
Scharmützel vor. Einer dergleichen war am 3ten
Jenner bey Oggersheim und Mammernheim;
ein anderer am 12. Febr. wo ein französisches
Piquet von etlich 20 Mann aufgehoben wurde,
und am 27. Febr. bey Mundenheim. Im ganzen
waren diese Gesechte aber von keiner Bedeutung.
Hingegen war die Sprengung des Fort Louis
am 18. Jenner eine merkwürdige Ereigniß. Da
die Franzosen mit einer starken Armee sich vor
den Platz gelagert hatten, und bereits Werke
anlegten, die Behauptung des Forts aber unnö-
thiger Weise viel Menschen gekostet haben würde,
so ließ Gen. Lauer die Veste mit 2000 Zentner
Pul-

Pulver unterminiren, und nachdem die im Platze befindlichen 110 Kanonen und sonst alles gerettet war, die Forts und Werke sprengen. — Bey der k. k. Armee fiel in der Mitte Februars eine Veränderung vor. Graf Wurmser gieng vom Generalkommando ab, übergab solches interemistige dem Prinzen von Waldeck Durchl., und von diesem übernahm es hernach F. Z. M. Gf. Browne wieder. Letzterer wurde aber bald krank, und gieng nach Wien zurück, wo er wenige Zeit hernach starb. Ihro Königl. Hoheit der Herzog von Sachs. Teschen übernahmen nun den Oberbefehl über die K. K. und Reichsarmee, es fielen im Merz und April noch verschiedne, aber unbedeutende Scharmützel vor, bis die Armee zu Anfang May das Lager bey Schwetzingen bezog, und am 22. May durch einen förmlichen Uebergang über den Rhein den Feldzug eröfnete.

Die Stellung der preusischen Armee nach dem Rückzuge aus dem Elsaß wurde zu Ende der vorigen Feldzugsgeschichte angezeigt. Der bey Frankenthal stationirte preusische General v. Rüchel erfuhr schon am 2. Jenner, daß der Feind des folgenden Tags in 3 Kolonnen gegen Oggersheim seinen linken Flügel, gegen Mutterstadt das Zentrum, und bey Friedelsheim und Gensheim den rechten Flügel in der Absicht angreifen wolle, um das Korps in seiner rechten Flanke, und im Rücken zu umgehen. Es geschah auch wirklich. Am 3. Jenner rückte der Feind in 3 Kolonnen an, zwey davon wurden bald zurückgeschlagen, wobey

sich

sich Prinz Georg von Hohenlohe vorzüglich auszeichnete, aber bey der dritten retirirte, weil aus
Mißverstand oder Unvorsichtigkeit das preusische
Magazin zu Frankenthal in Brand gerieth, ein
Bataillon in die 2te Position, welches bald üble
Folgen gehabt hätte, jedoch Gen. M. Rüchel eilte
herbey, und vertrieb auch hier den Feind wieder.
Die Preusen hatten bey dieser kleinen Schlacht
nur etliche 50 Mann Verlust, die Franzosen
aber an 400. Gen. Maj. von Rüchel zog sich,
des erfochtenen Sieges ohnerachtet, gegen Oppen-
heim und Mainz zurück, der Erbprinz von Hohenlohe verließ Worms, und Oberst Szekely *
Kreutznach, welche Orte die Franzosen alle besetzten, und darinn aufs übelste hauseten. — Ihro
Herzogl. Durchl. der regierende Herr Herzog von
Braunschweig legten in der Mitte Jenners das
so lange mit Ruhm geführte Kommando der preusischen Armee nieder, und der alte verdiente Feldmarschall von Möllendorf ersetzte diesen ehrenvollen Posten.

Die Besetzung Mannheims durch kaiserliche
Truppen, sicherte der kaiserl. Armee den Uebergang
über den Rhein, und die preusische Armee war
immer noch stark genug, den Franzosen die Spitze
zu biethen; letztere trauten sich daher nicht weiter
etwas

---

* Dieser brave Offizier wurde kurz hierauf von Ss.
Königs Majestät zur Armee wider die Pohlen be-
ordert, und blieb im Sept. in einer Affaire bey
Stromberg.

etwas zu unternehmen, sondern nachdem alles aus=
geplündert war, zogen sie sich größtentheils mit
ihrer Rheinarmee in die Germersheimer Linien,
und mit der Moselarmee, welche das Zweybrü=
ker Land abermals grausam mitgenommen hatte,
gegen Diedenhofen zurück. Nur einzelne Trupps
kamen des Raubens und Plünderns wegen hier
und da zum Vorschein. — Der Erbprinz von
Hohenlohe griff am 23. Jenner das vom Feinde
besetzte Worms an, und vertrieb ihn daraus,
machte 400 Gefangene, und eroberte 1 Kanone.
Hierauf besetzte man am 31. Jenner auch Oggers=
heim und Frankenthal, woraus man den Feind
vertrieb. Gen Köhler und Crousatz rückten auf
dem Hundsrücken vor, worauf die Franzosen auch
Lautern, und den größten Theil des Herzogthums
Zweybrücken zu Ende Februars räumten. Es
fielen nun in den Monaten Merz und April blos
mehrere Scharmützel vor, die von keiner Bedeu=
tung waren. Bald rückten die Franzosen, bald
die Preußen wieder in etwas vor. Hauptunter=
nehmungen wurden bis zum Uebergang der kaiserl.
Armee über den Rhein verspart: nachdem aber
diese am 22. May wirklich bey Mannheim den
Fluß paßirt hatte, so wurde auch Preußischer Seits
der Feldzug durch ernstliche Unternehmungen er=
öfnet. F. M. von Möllendorf griff fast zu glei=
cher Zeit, als die Kaiserlichen den Rhein paßirten,
das französische Korps des Gen. Ambert, welches
in einer verschanzten Position bey Moor und Kai=
serslautern stand, und 12000 Mann betrug, an.

F   Der

Der überraschte Feind zog sich nach einigem Widerstande nach Trippstadt, aber der preußische Gen.
von Kleist war ihm zuvorgekommen, und attackirte bey seiner Ankunft mit so guten Erfolge,
daß er weichen mußte. Graf Kalkreuth
war mitlerweile nach Pirmasens geeilt, und ver-
jagte die französische Kolonne, welche dahin
kommen wollte. Das ganze französische Korps
wurde zerstreut, und floh in größter Unordnung,
so, daß den Preußen eine sehr reiche Beute zu
Theil wurde. Die Anzahl der getödteten Feinde
belief sich auf 2000; gefangen wurden 64 Offiziers
und 2100 Gemeine; erobert 17 Kanonen, 2 Haubitzen, 31 Pulverwagen, 12 Fahnen, 300 Pferde ꝛc.
Der preußische Verlust bestand in etlich 40 Todten, und 180 Verwundeten. F. M. Möllendorf
nahm hierauf das Hauptquartier zu Otterberg.
Graf Kalkreuth vertrieb die Franzosen aus Zweybrücken und Hornbach, und zog bis an die Saar
gegen Saarlouis hin, so, daß der Feind über den
Fluß retiriren mußte. Zu gleicher Zeit als F. M.
Möllendorf auf der Seite von Kaiserslautern
reusirte, mußte der Gen. Erbprinz von Hohenlohe-
Ingelfingen Durchl. von Grünstadt aus, wo er
mit seinem Korps bisher gestanden hatte, eine
Unternehmung über Weidenthal ausführen, um
den Franzosen bey Landau und Germersheim die
Kommunikation mit Kaiserslautern abzuschneiden.
Die Expedition des Erbprinzen stand in Verbin-
dung mit dem Unternehmen des kaiserl. Generals
Fürsten von Hohenlohe-Kirchberg Durchl., wel-
cher

cher am 22. May bey Mannheim den Rhein
paßirte, um den Feind auf der Seite von
Speyer zu vertreiben, hernach aber sich mit dem
preußischen Korps des Erbprinzen von Hohenlohe
zu vereinigen. Der Fürst aber hatte mancher-
ley Hindernisse mit seinen Truppen gefunden,
welche das Unternehmen erschwerten, und als daher der Erbprinz von Hohenlohe mit den Preußen den Feind auf seiner Seite unter beständigen
Feuer über Deitesheim bis Wackenheim zurückgetrieben hatte, und die Nachricht von obigen
Hindernissen des kaiserl. Korps einlief, so blieben
die Preußen in ihrer Stellung, und unterhielten
die Kommunikation mit den Kaiserlichen durch
ausgestellte Posten.

Die kaiserl. Armee war am 23. May, nach
dem Uebergange über den Rhein, bis an die Reb-
hütte gekommen, hatte die Schanzen am Walde
weggenommen, und 10 Kanonen vom Feinde erobert. Jetzt war aber eine Brücke über einen
kleinen Fluß zu schlagen, nöthig. Diese Brücke
sollte nachgebracht werden, konnte aber aus mehreren Ursachen nicht eintreffen, — daher mußte
das fernere Andringen gegen den Feind unterblei-
ben, welcher die Zeit benutzte, sich wieder sammelte,
und die verlornen Schanzen bestürmte, auch endlich nach muthiger Vertheidigung zurück eroberte.
Dieser Umstand nöthigte die K. K. Generalität
ihre vorige Stellung von Mundenheim über Oggersheim und Frankenthal gegen Worms wieder
zu beziehen. — Die glücklichen Fortschritte der

F 2   Preu-

Preußen und die drohenden Vorkehrungen der Kaiserl. Reichsarmee hatten indessen die Wirkung, daß die Franzosen die Gegenden am Rhein, so wie Speyer, aber nach den greulichsten Verwüstungen verließen, und sich in ihre Verschanzungen bey Gemersheim zurück zogen. Der Erbprinz von Hohenlohe nahm nun seine Stellung von Neustadt bis Kirweiler. Hier wurde er am 28. May von einem aus Landau und dortiger Gegend kommenden 10000 Mann starken Korps angegriffen, schlug dasselbe aber in die Flucht. 500 Franzosen blieben auf dem Platze, und 400 wurden gefangen, 6 Kanonen, 5 Pulverwagen 2c. erbeutet. Der Feind floh unter die Kanonen von Landau. Am nemlichen 28. May rückte ein Korps Kaiserl. Reichstruppen unter dem Gen. Hotze wieder über Speyer vor, und drang über Heiligstein, und Schweckenheim bis Lingenfeld und Westheim gegen Gemersheim. Das Hauptquartier der Kaiserlichen kam nach Schifferstadt, und die rückwärts stehenden Truppen zogen nach. In dieser Stellung blieb die Kaiserl. Reichs und Königl. Preusische Armee mehrere Wochen lang stehen, ohne daß, außer Posten Gefechten, etwas von Erheblichkeit vorgefallen wäre. Aber am 28. Juny unternahmen die Franzosen in 3 starken Kolonnen, deren jede 12000 Mann stark, und mit 30 Kanonen versehen war, einen allgemeinen Angriff auf die ganze Postenkette von Homburg bis zum Rhein, gegen Kaiserliche und Preusen. Sie richteten ihre Hauptattaque auf das Korps des Gen. M.

M. von Rüchel bey Martinshöhe vor Zweybrücken, auf den Gen. Lieut. Courbiere bey dem
wichtigen Posten zu Trippstadt, und auf das
Erbprinz Hohenlohische Korps im Gebirge und
im Zentro, wo sie zu gleicher Zeit den rechten
kaiserl. Flügel angriffen, um die Kommunikation
der Kaiserlichen und Preußen zu trennen. Die
feindlichen Angriffe geschahen auf verschiednen
Punkten, wurden aber alle mit besonderer Tapferkeit zurückgeschlagen. Das Fechten dauerte zwey
ganze Tage. Hauptsächlich sollte es dem Posten
bey Trippstadt gelten. Der Feind benutzte hier die
Vortheile eines dicken Gehölzes hinter einem großen Defilee, wo die Preußen ihn in der Fronte
nicht angreifen konnten, und ihnen mancher Abbruch geschah. Endlich machte G. L. von Kleist
eine geschickte Bewegung in die rechte feindliche
Flanke, indem er mit gefällten Bajonett das Dorf
Hessterberg einnehmen ließ, wobey 2 Kanonen und
3 Munitionswagen erobert wurden. Dieses brachte den Feind zum weichen, und bald zur Flucht.
Er eilte über Pirmasens und die Erbach zurück,
nachdem er über 800 an Todten und Verwundeten, und 300 Gefangene zurückgelassen hatte.
Preußischer Seits hatte man in allem 100 Todte
und Verwundete. — Nach diesem mislungenen
Versuche verstärkten sich die Franzosen durch ihr
bekanntes Zwangsmittel des Aufgeboths aller
jungen Mannschaft, um durch Uebermacht aus-
zuführen, was ihnen an Tapferkeit abgieng. Sie
bedienten sich hier ihrer gewöhnlichen Kriegsart,

F 3

durch

durch unaufhörliche Angriffe, ohne Menschenverlust zu achten, ihren Feind zu ermüden, und sodenn einen allgemeinen Angriff zu machen, wo
kein Rückzug gestattet wird, — und wo hinter
den Linien aufgepflanzte Kanonen die Zurück-
weichenden erwarten. Dieses verzweiflungsvolle,
unmenschliche Mittel macht denn freylich, daß sie
am Ende durchdringen, — aber mit erstaunlichen
Menschenverlust.

Durch das vorher erwehnte Aufgeboth war
die französische Armee blos im Zweybrückischen,
und dortiger Gegend, über 100000 Mann angewachsen. Sie fieng nun ihre gewöhnliche Kriegs-
Art an. Am 2. July wurde der erste Angriff
gegen die ganze Postenkette der Preußen und
Kaiserlichen von Neustadt bis Speyer formirt.
Es ward in 3 Kolonnen attaquirt, jede 20000
Mann stark, und mit vieler Artillerie versehen; —
sowol aber die Kaiserlichen bey Speyer, als die
Preußen bey Trippstadt und hinter Zweybrücken
schlugen den Feind zurück. Er verlor 2 Kanonen,
hatte 600 Todte auf dem Platze, und 200
wurden gefangen. Nach einigen Tagen Ruhe
griff die französische Armee mit noch größerer
Macht alle Positionen der Kaiserl. Reichs, und
Preußischen Armee am 12. July an, wurde aber
auch diesesmal mit Verlust zurück geschlagen.
Sie kam jedoch am folgenden 13. July wieder,
und erneuerte ihre Angriffe mit einer wahrhaft
blinden Wuth und trunknen Raserey. Die Franzosen liefen achtmal Sturm auf die preußischen
Ver-

Verschanzungen bey Johanniskreuß und Edes-
heim, und eben so oft wurden sie zurückgeworfen,
aber beym neunten Angriff sahen sich die endlich
ermüdeten Preußen genöthigt, die genannten wichtigen Posten zu verlassen. Auch bey Lautern wichen die Preusen, so wie die Kaiserlichen ebenfalls
bey Speyer, nach dem verzweifelsten Widerstande
der wüthenden Menge nachgeben mußten. Die
Kaiserlichen zogen sich hierauf wieder gegen den
Rhein zurück, und die Franzosen setzten sich von
neuem bey Speyer. F. M. von Möllendorf sahe
sich durch den Verlust der vorgenannten Gebirgs-
Posten, ebenfalls genöthigt zu retiriren, und seine
Armee mehr bey Lautern zu konzentriren. Die
Kaiserlichen wurden am 14. und 15. July besonders von der Seite von Schifferstadt her längs
dem Rheine durch heftige fortdauernde Attaquen
endlich mehr und mehr zum Rückzug bewogen,
und da sich am 15ten der Feind auch stark bey
Lautern wider die Preußen zeigte, so fand es der
F. M. von Möllendorf vor rathsam, sich ebenfalls dem Rheine zu nähern, und die Verschanzungen bey Lautern zu verlassen. Die Kaiserl.
Reichsarmee zog in die Gegend von Mannheim,
das Hauptquartier kam nach Schwetzingen, wo
es vor dem Uebergange über den Rhein gewesen
war, und die preusische Armee marschirte über
Türkheim und Frankenthal gegen Mainz. Bis
19. July hatten die Armeen wieder die nemliche
Stellung, welche sie zu Anfang des Jahrs gehabt
hatten. Die Franzosen verloren in dem wüthen-

F 4 den

den Treffen am 12. und 13. July, und in den nachherigen beständigen Attaquen gewiß 9000 Mann, wohingegen der kaiserl. und preußische Verlust kaum 2500 Mann betrug. —

Postengefechte gab es Anfangs August in der neuen Stellung öfters, da sich die Kaiserl. Reichsarmee von Mannheim vorbey bis Mutterstadt xc ausdehnte. Der Herzog von Sachs. Teschen schickte dem Erbprinzen von Hohenlohe 18000 Mann zur Verstärkung, und dieser setzte sich hinter der Pfriem mit dem F. M. von Möllendorf in Verbindung. Der linke Flügel lehnte sich an Worms, welches von Preußen besetzt wurde, und der rechte erstreckte sich bis Kirchheim Poland. Graf Kalkreuth stand bey Kreuznach. — Fast täglich kam der Feind über Friedelsheim gegen Wachenheim mit starken Patrouillen. Gen. M. von Blücher beschloß dem Feinde einen Versteck zu legen, und den Rückzug abzuschneiden. Er postirte sich deßwegen in der Nacht des 27. Aug. mit 400 preußischen Dragonern und kurpfalzbairischen Cheveaur legers (welche sich dabey treflich auszeichneten) zwischen Oelstadt und Friedelsheim. Der anbrechende Tag machte zwar, daß das Unternehmen nicht ganz gelingen konnte; indessen wurden doch etliche 40 vom Feinde niedergehauen, 1 Offizier und 34 Gemeine gefangen genommen, und 40 Pferde erbeutet. Auch bey Neu Leiningen wurde den feindlichen Patrouillen ein Versteck gelegt, welcher dem Feinde nicht als 50 Mann tödtete, und die übrigen zur Flucht nöthigte. Die

Die Franzosen waren Meister von Kaiserslautern, und bekamen am 9. Aug. bekanntlich,
durch Schwäche der kaiserl. Truppen, und da
Gen. Kalkreuth mit preußischer Hülfe zu spat
ankam, — auch Trier. Diese Posten waren für
die Franzosen äußerst wichtig, und sie machten da-
hero auch alle Anstalten, sich durch angelegte Verschanzungen sicher daselbst zu behaupten. Sie
etablirten zu Kaiserslautern, als im Mittelpunkte
zwischen dem Rhein und der Saar, Beckereyen
und Magazine, man erwartete viele Truppen daselbst, und alles schien anzuzeigen, daß etwas ernst-
liches gegen den Erbprinzen von Hohenlohe im
Werke sey. Um dem Feinde zuvor zu kommen,
beschloß man von kaiserl. und preußischer Seite,
Kaiserslautern anzugreifen, und zu gleicher Zeit
gegen Trier einen Versuch zu machen. Zu Unterstützung dieses Unternehmens ließen des Herrn
Herzogs von Sachs. Teschen K. H. am 14. Sept.
ein Korps von 10000 Mann unter dem F. M.
L. Grafen Wartensleben bey Rheintürkheim den
Rhein passiren, um während der Erbprinz von
Hohenlohe gegen Kaiserslautern vorgerückt seyn
würde, dessen ganze Position auf den Höhen von
Obersülzheim einzunehmen. Der Erbprinz brach
am 17. Sept. auf, und bezog ein Lager bey Gel-
heim. Am nemlichen Tage delogirte Gen. M.
von Blücher den Feind mit Verlust von Leistadt
und Wattenheim, und am 18. und 19ten ward
er vom Gen. M. von Voß vom Schurlenberg
zurückgeschlagen. Am 20. Sept. rückte der Erb-

F 5

prinz

prinz gegen Kaiserslautern selbst vor, vertrieb
den Feind zuerst von Hochspeyer und Fischbach,
und da dieser seine Retraite nicht mehr nach Kaiserslautern nehmen konnte, und sich am Harden-
kopf vorbey, auf Trippstadt zurück zog, so ließ
ihn der Erbprinz durch den k. k. Gen. Karaczah
verfolgen. Bey Kaiserslautern hielt er noch Stand,
daher der Erbprinz durch den G. M. v. Blücher,
(vom Prinzen Georg v. Hohenlohe unterstützt:)
u. G. L. von Borch in der linken Flanke angreifen
ließ, Er selbst aber gieng dem Feinde mit Infanterie und Kavallerie in Rücken, wobey letztere zum
einhauen kam, und 3 feindliche Bataillons theils
tödtete, theils gefangen nahm. Auch auf
der linken Seite wurde ein feindliches Bataillon
durch die Kavallerie theils getödtet, theils gefangen eingebracht. Der Feind wurde überall geschlagen und zersprengt, und eilte über den
Saukopf nach Anweiler. Er ließ 2500 Todte
auf dem Platze, und 3000 Gemeine nebst 100
Offiziers wurden gefangen, auch 5 Kanonen erobert. Das feindliche Korps bestand aus 21
Bataillons, und 12 Eskadrons, und war von
Gen. Meunier kommandirt. Der Erbprinz ließ
in Kaiserslautern die feindlichen Backöfen
ruiniren, und die vorgefundenen Magazine unter
die Truppen vertheilen.

Gegen Trier hatte F. M. von Möllendorf
vom 16. Sept. an, den übrigen Theil der preussischen Armee in mehreren Korps in die Gegend
von Meißenheim, Cußel (welches von den Franzosen

zofen am 25. July so grausamer Weise abgebrannt
worden) Selbach und Wadern gegen Cerf, und
jenseits der Mosel bis an die Lieser vorrücken lassen.
Da aber indessen am 18. Sept. Graf Clairfait
an der Maas verdrängt worden war, — da der,
statt des Gen. Blankenstein das kaiserl. Korps
in der Eifel kommandirende Gen. Melas durch
diese Umstände an thätiger Mitwirkung zum
Plane auf Trier verhindert, und die preußische
Armee selbst auf mehreren Seiten durch die neuerdings vorgerückten feindlichen Mosel und Rhein-
armeen des Feindes bedroht wurde, so ließ F. M.
von Möllendorf die gegen Trier angerückten Truppen in die nemliche Stellung am 23. Sept. zurück gehen, aus der sie ausmarschirt waren: der
Erbprinz von Hohenlohe verblieb aber noch bis
25. Sep. in der letzt errungenen Position bey
Kaiserslautern, wo er jedoch auch in die vorige
bey Obersülzheim zurück gieng. Wirklich hatten
sich auch kaum die kombinirten kaiserl. und preussischen Truppen zurückgezogen, als die geschlagenen Franzosen wieder zum Vorschein kamen.
Sie erhielten von allen Seiten Verstärkungen,
besetzten Kaiserslautern wieder, und drangen bis
Neustadt und Türkheim vor. Sie griffen die
Vorposten der kaiserl. Reichsarmee zu Mundenheim, Oggersheim und Frankenthal am 9. 11.
13. Okt. an, wurden zwar von Frankenthal vertrieben, kamen aber verstärkt wieder, und die
Kaiserlichen zogen sich zurück, rückten auch in
der Folge nicht mehr vor, sondern blieben, nach

den

den unglücklichen Vorfällen in den Niederlanden
und am Niederrhein, bis zum Ende des Jahrs
in der Stellung, wie sie solche zu Anfang des
Feldzugs bey Mannheim behauptet hatten. Das
Hauptquartier kam wieder nach Heidelberg und
blos Truppen Märsche, (je nachdem man hie und
da einen Uebergang der Franzosen über den Rhein
befürchtete,) und Scharmützel fielen vor.

Als sich die Franzosen in Frankenthal fest=
gesetzt hatten, machten sie Anstalten nach Worms
vorzudringen. Gen. Graf Kalkreuth war neuer=
dings aufs linke Moselufer vorgerückt, um in
Gemeinschaft mit dem k. k. Korps unter Gen.
Melas, Trier zurück zu erobern. Auch machte
die preussische Armee sonst noch allerley Bewe=
gungen, um die gar zu große feindliche Ueber=
macht von F. Z. M. Grafen Clairfait abzu=
ziehen. Als nun dessen ohnerachtet dieser Gene=
ral mit der großen kaiserl. Armee bey Kölln den
Rhein zu paßiren genöthigt worden war, so
konnten die preussischen Unternehmungen nicht
mehr glücken, das Vorhaben auf Trier wurde
aufgegeben, und Gen. Kalkreuth bezog seine vo=
rige Stellung bey Kreutznach. Indessen ließ der
Feind mehrere starke Kolonnen am rechten Mo=
selufer herunter marschiren, und andere an der
Saar vorrücken, in der klaren Absicht, das Kal=
kreutische Korps links und rechts zu umgehen,
und von der Hauptarmee zu trennen, so wie auch
überhaupt von allen Seiten starke Korps von der
franz. Rhein= und Moselarmee wider die Preu=
ßen

fen vorrückten. Um sich nun in der ausgedehnten Position von Trarbach bis Worms keiner Gefahr auszusetzen, beschloß F. M. Möllendorf die preusische Armee eine mehr konzentrirte Stellung nehmen zu lassen. Dem zu Folge mußte sich das kalkreutische Korps und was sonst auf dem linken Ufer der Nahe stand, am 12. und 13ten Okt. bey Bingen und Kreutznach ans disseitige Ufer ziehen, und eine neue Stellung vom Rochusberge bey Bingen über St. Johann, Würstadt, Alzey, Blödesheim und Behtheim bis an den Rhein nehmen, wohin sich das hohenlohische Korps ebenfalls gezogen hatte. Die ganze preusische Armee postirte sich in einer Linie von 9 Stunden um Maynz. F. M. von Möllendorf stand an der Selz, und erwartete den Feind, um ihm noch eine Schlacht zu liefern. Aber plötzlich kam Befehl von des Königs Majestät, da die kaiserl. Armeen über den Rhein gegangen wären, um sich keiner Gefahr auszusetzen, ebenfalls den Fluß zu passiren. Dieses wurde ohne Verzug vollzogen. Am 21sten repaßirte das Korps des Erbprinzen von Hohenlohe, und die schwere Kavallerie, unter des Prinzen von Würtemberg Durchl. Befehlen den Rhein, die Hauptarmee und das Kalkreutische Korps aber brachen aus der Stellung an der Selz auf, und bezogen das Lager unter den Kanonen der Festung Maynz, wobey es mit dem nachfolgenden Feinde zu allerley Gefechten kam. Den 22. Okt. paßirten die königl. Garden, die Regimenter Köthen, Anspach-Bayreuth,

reuth, und die Chursächsische Infanterie den
Rhein, und am 23. und 24sten folgte das übrige
nach. Die Armee kantonirte auf dem rechten
Rheinufer von Guntersblum gegen über an,
rechts im Rheingau hinunter, bis Lorch und
Caub. Das Hauptquartier kam nach Hochheim,
das des Erbprinzen von Hohenlohe nach Gros=
gerau, und das Graf Kalkreutische nach Wis=
baden. Es sollte zwar ein Korps von 20000
Mann unter dem Erbprinzen von Hohenlohe
Durchl. nach Pohlen, der dortigen Kriegsange=
legenheiten wegen, abgehen, es unterblieb aber in
der Folge.

Nachdem die preußische Armee den Rhein re=
paßirt war, kamen die Franzosen immer näher
gegen Maynz heran, warfen Verschanzungen auf,
und machten vom Anfange des Monats Nov.
an bis Ende desselben, mehrere Angriffe auf die
Werke der Deutschen. Sie hoften, es würde
ihnen so leicht gelingen, als im Jahr 1792 Maynz
wegzunehmen, — sie irrten aber sehr, denn nach
der Wiedereroberung dieser Hauptfestung und
Vormauer des deutschen Reichs im Jahr 1793
waren die Werke ansehnlich vermehrt, die alten
vervollkommert, eine ansehnliche Garnison hinein
gelegt, und 600 Kanonen auf die Wälle rc. ge=
pflanzt worden. Im November bestand die Be=
satzung aus 25000 Mann, wurde aber hernach
noch bis auf 34000 theils Kaiserliche, theils
Reichstruppen vermehrt. Bey und in Bretzen=
heim, bey dem heil. Kreutz, in Zahlbach, an der
Wei=

Weißenauer Schanze, bey den Rheinauen ꝛc.
fielen täglich Gefechte vor, welche den Franzosen
bis Anfang Dezembers wenigstens 1500 Mann
kosteten, und wodurch sie nicht das mindeste aus-
richteten. Zu Ende Novembers kam der Konvents-
Deputirte Merlin von Thionville bey der französischen Armee an. Dieser hatte zu Paris die
Einnahme von Maynz noch im 1794sten Jahre
versprochen. Durch Austheilung hitziger Getränke
wurden die Franzmänner zur Tollkühnheit gebracht,
und so in trunkner Weise griffen sie am 1. Dez.
Morgends 6 Uhr die Klubbistenschanze an, und
liefen wüthend Sturm. Es entstand ein mörderisch Gefecht, zweymal wurden die Feinde zurückgeschlagen, setzten aber allemal über die Leichnaine
ihrer getödteten Kammeraden mit frischen Truppen an, bis es ihnen endlich gelang die Schanze
zu übersteigen. Allein kaum waren sie darinn, so
erhielten die Kaiserlichen Verstärkung, griffen die
Franzosen wieder an, und vertrieben sie daraus.
So dauerte das Gefecht den ganzen Tag hindurch
unter dem schrecklichsten Kanonen und kleinem
Gewehrfeuer, die Schanze gieng nochmals verloren, wurde aber glücklich zum zweytenmale
wieder erobert. Nachmittags beorderte der preuß.
F. M. von Möllendorf (welcher sich selbst nach
Maynz begab, und verschiedene Truppen gegen
den Rhein vorrücken ließ) das Ebensche Hußaren
Regiment über den Rhein hinüber, welches gleich
handgemein wurde, und vieles zur Flucht des
Feindes beytrug. Erst in der Dämmerung nahm
die

die Kanonade ein Ende, nachdem vorhero noch
die Deutschen die vorige Kette der Vorposten
und Vedetten wieder besetzt hatten. Was an den
Arbeiten ruinirt war, wurde sogleich wieder aus:
gebessert. Der Verlust des Feindes, der tollkühn
ins Feuer hinein rennte, belief sich auf 3500
Todte, und 100 Wagen Verwundete, welche er
mit fortführte. Die Deutschen verloren aber auch
500 Mann. — Diese Schlappe kühlte den Muth
der Franzosen sehr, sie sahen, daß diesesmal Maynz
nicht durch Ueberraschung eingenommen werden
könne, und da zumal in der Folge gar kalte Wit:
terung einfiel, so wurde im 1794sten Jahre nichts
von Erheblichkeit mehr gegen Maynz vorgenom:
men. Scharmützel, Ausfälle, um die feindlichen
Werke zu zerstöhren, fielen indessen noch öfters
vor, der Verlust dabey war jedoch von beyden
Seiten unbeträchtlich.

Nach dem Rückzuge der Kaiserl. Reichs und
Königl. Preußischen Armee über den Rhein, und
nachdem die Franzosen Frankenthal, Oggersheim,
Worms besetzt hatten, wendeten sich 18000 Mann
unter Gen. Michaud gegen Mannheim, und leg:
ten nach und nach verschiedne Werke gegen die
Rheinschanze an. Ihre Arbeit dirigirten sie
mit vieler Vorsicht, und ohne Uebereilung, sie
verließen sich auf die Hülfe der Elemente, ohne
welche es ihnen unmöglich gewesen seyn würde,
die Rheinschanze zu bekommen. Die Anlegung der
feindlichen Werke gab zu vielen unbedeutenden
Scharmützeln Anlaß, und man suchte von Mann:
heim

heran aus, diese Arbeiten durch Kanonaden und
Ausfälle zu verhindern. Man war gerade im
Begriff am 20. Dez. einen lebhaften Ausfall
zu unternehmen, als der Necker wider Verhoffen
durchs Eis gespert wurde, und auf dem Rhein
sich soviel Treibeis befand, daß einige Schiffe von
der Schiffbrücke abgeführt werden mußten. Am 22.
Dez. wurden durch Heftigkeit des Eises die Anker
losgesprengt, so daß die Schiffbrücke zum Theil
an das linke, und zum Theil ans rechte Ufer getrieben ward. Mehrere Schiffe, welche der Strom
mit sich fortführte, wurden durch die weisen Anstalten des Herrn Gen. Grafen von Wartensleben noch gerettet. Diesen für den Feind günstigen
Augenblick benutzte derselbe. Er schickte einen
Trompeter mit der Auffoderung, ihm die nunmehr
von der Festung getrennte Rheinschanze mit allem
in 3 Stunden zu übergeben. Die Uebergabe ward
abgeschlagen. Am 23. Dez. erschien abermals
ein feindlicher Trompeter, in Begleitung des Gen.
Adjutanten Hendelet, mit der nemlichen Auffoderung, nur mit dem Versprechen, daß alsbenn
Mannheim nicht bombardirt werden sollte. Auch
diesesmal wieß man eine solche Kapitulation ab,
worauf der Feind in der Nacht vom 23. — 24.
Dez. aus 8 Batterien auf die Rheinschanze, die
Mühlau, und Mannheim selbst mit Bomben,
Häubitzen und Grenaden zu feuern anfieng, und
das Bombardement 16 ganze Stunden fortsetzte,
während welcher Zeit 3000 Bomben in die äus-
sern Werke und die Stadt selbst geworfen wur-

G   den,

den, gegen 1000 Bomben, Grenaden und Kugeln
aber in die Rheinschanze und Fleschen fielen, —
jedoch nur wenige Menschen tödteten oder verwundeten, und kaum 36 Häußer beschädigten.
Gegen Abend am 24. Dez. erschien der Gen. Adj.
Hendelet zum drittenmale, foderte die Rheinschanze
nochmals unter den vorigen Bedingungen, aber
mit der Bedrohung auf, daß bey abermaliger
Verweigerung der Uebergabe, die Stadt mit glü-
henden Kugeln beschossen werden würde. Die
Betrachtung, daß die militärische Wichtigkeit der
schon so oft in vorigen Zeiten übergebenen, de-
molirten, und wieder mit schweren Kosten herge-
stellten Rheinschanze in keinem Verhältnisse mit
der Eindscherung der schönen Residenz Mannheim,
und dem Unglücke so vieler tausend Menschen
stehe, bewog endlich die kaiserl. Generalität, und
das Churpfälzische Gouvernement, sie zwar, aber
unter ehrenvollen Bedingungen um so mehr zu
übergeben, als es den 24. Dez. Abends zu schneien
anfieng, sich ein kalter Wind erhob, und dieses
befürchten ließ, daß in wenigen Stunden die Kommunikation zwischen der Festung und Rheinschanze
gänz unterbrochen werden dürfte, und die Besatzung sodenn gezwungen gewesen wäre, sich mit
allem auf Diskretion zu ergeben. Man traktirte
deme zu Folge mit dem Feinde, und es kam endlich die Kapitulation dahin zu Stande: daß die
kaiserl. und pfälzische Besatzung, 2000 Mann
stark, bis 25. Dez. Mittags 12 Uhr aus der
Rheinschanze mit allem was sie fortbringen könnte,
aus-

ausziehen dürfe, alles, was aber nach jener Zeit noch darinn befindlich, falle den Franzosen heim. Der Feind verpflichtete sich die Rheinschanze, die Fleschen und seine eigne Redouten zu demoliren, und vom linken Rheinufer keine Feindseligkeiten wider Mannheim ferner ausüben, so lange der Krieg von jener Seite geführt würde. Er erklärte keine Kontribution noch Requisition fodern zu wollen. -- Die Hälfte der Rheinbrücke fiel den Deutschen, und die andere Hälfte den Franzosen zu ꝛc.

Man rettete fast alles aus der Rheinschanze, bis auf einen Mörser und einige Munitionswagen.

Der Krieg wider des Königs von Sardinien Majestät wurde im 1794sten Jahre mit nicht minderer Lebhaftigkeit, als gegen die übrigen alliirten Mächte geführt. Die Franzosen, ohne sich an die Neutralität der Republik Genua zu kehren, marschirten, weil es ihnen vortheilhaft war, zu Anfang des Jahrs durchs Genuesische Gebiet, und nahmen Oneglia weg, welches keinen Widerstand leisten konnte. Auf der Seite von Savoyen waren schon vorhero am 24. und 28. Merz, an der Grenze, Gefechte vorgefallen, welche aber für keinen Theil etwas entschieden, und worinn nur wenige Mannschaft blieb. Die französische Absicht in diesem Feldzuge war hauptsächlich auf das Fürstenthum Piemont, und die Residenz des Königs von Sardinien Turin gerichtet; ein äußerst gefährlicher Plan, der, wenn er geglückt hätte, von den traurigsten Folgen gewesen seyn würde.

würde. Zu dem Ende hatte der Feind durch Geld
ein Komplott in Turin selbst erkauft, deren Haupt
ein Graf St. Amour, Kommandant der Veste
Saorgio war. Der Verabredung zu Folge sollten,
wenn die Franzosen über Saorgio (welches ihnen
der genannte Kommandant auch ohne Schwerd-
streich übergab) gegen Turin vorgerückt seyn würden, die Verschwornen sich des Zeughauses, und
der wichtigen Festung Turin bemächtigen, die
Königliche Familie morden, und die Stadt den
Franzosen überliefern. Aber glücklicher Weise
wurde das Komplott noch in Zeiten entdeckt,
etliche Bataillons k. k. Truppen zur Sicherheit
nach Turin gezogen, die Häupter der Verschwörung arretirt, und nach Verdienst bestraft. Der
Graf St. Amour war zwar zum Tode verurtheilt,
wurde aber doch noch am Leben vom Könige
begnadigt.

Die französische Armee gegen Piemont ward
durch zusammengetriebenes Volk der ersten Requisition bis auf 60000 Mann verstärkt, und
von den Konventsdeputirten Robespierre und
Salicetti, und den Generals Dümerbion, Mac-
quart und Maßena kommandirt. Sie sammelte
sich in Nizza. Außer dieser rückten noch aus der
Dauphine, und aus andern Orten ansehnliche
Korps gegen Piemont, so wie auch die Armee in
Savoyen ansehnlich verstärkt wurde. Ob nun
gleich die kombinirte Kaiserl. Königlich-Sardi-
nische Armee, der Zahl nach, bey weiten geringer
war, so richteten doch die Franzosen im Ganzen
mit

mit ihrer überlegenen Zahl nur wenig aus, viel=
mehr gestand man im Nat. Konv. selbst, daß der
1793ste Feldzug gegen Piemont ꝛc. allein durch
Krankheit, und vor dem Feinde 80000 Mann
aufgerieben habe. Daher kamen die öftern Sto=
ckungen in den Unternehmungen der Franzosen,
da ihre Armeen mehrmalen frisch ergänzt wer=
den mußten. — Des Königs von Neapel
Majestät ließen zum Schutze von Italien etliche
Regimenter Infanterie und Kavallerie nach der
Lombardie überschiffen, welches Korps ohngefehr
8000 Mann betrug. Es waren Anfangs 18000
Mann dahin beordert, alleine auch im König=
reiche Neapel hatten die Franzosen eine greuliche
Verschwörung gegen die königl. Familie angezet=
telt, worinn sogar vornehme und geistliche Perso=
nen verwickelt waren. Diese bedenklichen Um=
stände, obgleich das Komplot glücklich entdeckt,
und die Verschwornen bestraft wurden, bewogen
dennoch die Regierung mit dem Abmarsch der
übrigen Truppen inne zu halten. Indessen nah=
men des Königs von Neapel Maj. noch in einem
andern Betracht wesentlichen Antheil an dem
Kriege, — nemlich zur See. Den ganzen Feld=
zug hindurch war eine Neapolitanische Eskadre
unter dem Marschall Forteguerri, aus 3 Linien=
schiffen, 4 Fregatten, und 3 Korvetten bestehend,
mit der Englischen Flotte vereinigt, welche die nütz=
lichsten Dienste leistete; — auch wurde zur Schü=
tzung der Grenzen des Reichs eine Miliz von etlich
40000 Mann errichtet. Alle Souverains Ita=

G 3   liens

liens waren auf Bewafnung und Vertheidigung
ihrer Staaten bedacht, da der Plan der Franzo=
sen, ganz Italien zu überschwemmen, kein Ge=
heimniß blieb. —

Die französische Armee formirte am 6. Apr.
einen allgemeinen Angriff auf Piemont. Eine
Kolonne war, wie schon oben gesagt worden, längs
dem Meere durch das Genuesische Gebiet, ins
Fürstenthum Oneglia eingedrungen, und hatte nach
einigem Widerstande der schwachen Besatzung
Oneglia selbst eingenommen, — wobey jedoch
der Feind in der Gegend von Carpasio durch
eine tapfere Piemontesische Jäger = Compagnie,
gegen 100 Mann Verlust erlidte. Von Oneglia
rückte der feindliche General Maßena weiter in
Piemont vor, besetzte die Stadt Loano, und
griff den kaiserl. General Grafen Argenteau, der
mit 4000 Mann den Poß Porte della Nave bey
Ormeo besetzt hielt, mit überlegener Macht an,
und zwang ihn, sich mit 100 Mann Verlust
zurück zu ziehen, worauf auch die befestigte Stadt
Ormea dem Feinde in die Hände fiel, der 300
Mann Gefangene darinn machte, und 12 Kano=
nen eroberte. Die unbefestigten Orte jener Gegend
wurden nun leicht vom Feinde eingenommen, und
am 19. April auch Garesio und Bagnasco be=
setzt. General Maßena wollte hier noch
einige Verstärkung, und den Ausschlag der in
Turin angezettelten Verschwörung erwarten, um
auf Ceva vorzurücken, durch dessen Einnahme der
Weg nach Turin offen gewesen seyn würde. Aber
das

das Komplot wurde, schon angezeigter Maaßen entdeckt, und die Alliirten nahmen solche Positionen, wodurch das weitere Vordringen des Feindes vereitelt ward. Man setzte Ceva in guten Vertheidigungsstand, und Gen. Argenteau zog sich selbst dahin, nachdem er Verstärkung an Mannschaft, und Geschütz erhalten hatte. Ormea fiel den Alliirten wieder in die Hände. Die andere französische Hauptkolonne kam von Nizza her, drang gegen die Piemontesischen Vorposten vor, bemächtigte sich der Position Forcani, und besetzte das Marquisat Dolce-Aqua. Diese Kolonne wollte gegen Tenda vorrücken, wobey es zwischen Raus und Authion auf den Posten von Colle Ardente zu einem hitzigen Gefecht zwischen dem Sardinischen General Colli und den Franzosen kam, in welchem letztere mit einem Verluste von 300 Mann weichen mußten, jedoch nicht ganz zurückgeschlagen werden konnten. Sie setzten sich zwischen Tenda und Saorgio, und foderten letztern äußerst wichtigen Platz auf, welchen der verrätherische Kommandant St. Amour sogleich übergab, wodurch Turin in Gefahr kam. Als aber die Verschwörung, worauf der Feind rechnete, indessen entdeckt worden war, so mußte er sich über Limone hinter den Tendaberg zurückziehen, und hatte nur noch die Pässe auf diesem Berg besetzt. — Eine dritte französische Hauptkolonne kam aus der Dauphine. Der erste Theil derselben brach über Briancon, der andere über Mont Dauphin in Piemont ein. Der erstere

mußte

mußte aber in dem Thale von Oulr stehen blei-
ben, weil die Piemontesischen Posten zu Exiles
und Fenestrelles den Weg versperrten, und die
andere Abtheilung, ob sie sich gleich des Berg-
schlosses Miraboc bemächtigt hatte, und nach der
Einnahme dieses Hauptpaßes zu dem Luzerner-
Thale bis Luzerneta und Bobia streifte, wurde
doch auch hier zurück gehalten. Der Sardinische
Brigadier Gandin, der im Luzerner Thal stand,
zog Verstärkung an sich, und gieng dem Feind
muthig entgegen. Die bewafneten Einwohner
von Pignerol vereinigten sich mit ihm, und nun
griff er an, und schlug die Franzosen, mit einem
Verluste von 1000 Mann au Todten, Verwundeten und Gefangenen von Bobia bis Miraboc
zurück, und ein eingefallener häufiger Schnee
nöthigte sie, sogar die übrigen besetzten Anhöhen,
und selbst das Fort Miraboc wieder zu verlassen. —
Die vierte feindliche Kolonne, griff in der Nacht
vom 12. — 13. May die Piemontesischen Posten
auf dem Cenisberge an, wurde aber mit 500 Mann
Verlust abgetrieben. General Chino, welcher den
Posten kommandirte, hatte Ordre, wegen des gar
zu schrecklichen Wetters, und der Strapatzen der
Mannschaft sich von dort zurück zu ziehen. Dies
bemerkten die Franzosen aus den Anstalten, und
griffen zwischen 13. und 14. May aufs neue
an. Die beyden Hauptredouten der Piemonteser
vertheidigten sich mit gröster Tapferkeit, und streck-
ten die durch den 3 Fuß hohen Schnee den Berg
hinauf getriebenen Franzosen, reihenweise nieder.

Aber

Aber die dritte Redoute wurde endlich überwäl:
tigt oder eingenommen, die dort eroberten Ka:
nonen umgewendet, und gegen die zwey andern
Redouten selbst gewendet, wodurch die tapfere
Besatzung genöthigt wurde, sich gleichfalls zurück
zu ziehen, und weil dieses in der Nacht, und bey
einer außerordentlich üblen Witterung geschah,
einen Verlust von mehr als 800 Mann erlidte.
Dagegen verlor der Feind wenigstens 1700
Menschen. — Noch eine andere feindliche (die
fünfte) Kolonne war über den St Bernhardsberg
an der Savoyischen und Schweitzer Seite einge:
gedrungen, aber auch nicht weiter, als bis über
die Gränze gekommen. Sie postirte sich im Thal
Aosta bey la Touille, und wurde vom Herzoge von
Montferrat in Respekt gehalten. Ueberhaupt
zogen sich die verschiednen feindlichen Korps, da
sie die Gegenanstalten der vereinigt K. K. und
Sardinischen Truppen sahen, die Witterung äu:
ßerst rauh war, und sie durch Krankheiten viele
Leute verloren, aus den Ebnen in die Gebürge
zurück. In den Monaten Juny und July fiel
nichts von Erheblichkeit vor, der Feind suchte sich
blos zu behaupten, und wartete auf Verstärkun:
gen. General Dümas der Alpen, und Dümor:
bian der Italienischen Armee bekamen Ordre,
sobald sie sich stark genug fänden, wieder weiter
in Piemont einzudringen, es koste, was es wolle.
Zwar ereignete sich zu Ende July einige kriegerische
Auftritte, sie waren jedoch, wie gesagt, von keiner
Bedeutung. Der Feind suchte nemlich immer die

G 5   Vor:

Vorposten der Alliirten zu beunruhigen. Am
18. und 21. July zeigte sich derselbe am kleinen
Bernhardsberge, und im Thal Grisonche im
Herzogthum Aosta, als er aber alles zum Em-
pfang bereit fand, zog er sich nach einigen Kanonen und Flintenschüssen in seine Verschanzungen
zurück. — Von der Seite des Cenisberges
machten die Franzosen auf den Piemontesischen
Posten bey Tufblanc einen lebhaften Angriff.
Das Gefecht dauerte mehrere Stunden, endlich
zogen sie sich mit Verlust 2 Offiziers, und 18 Ge-
meinen zurück. — Im Thale Limone zog der
Feind Verstärkungen an sich, und rückte am 24.
July in 3 Kolonnen gegen die Posten zu Boves
Roaschia und Roccavione vor, in der Absicht
solche zu überfallen; die Wachsamkeit der aliirten
Truppen vereitelte aber sein Vorhaben. Das
Hauptabsehen der feindlichen Generale schien indessen gegen die Festungen Ceva und Exiles,
und gegen die Lager von St. Dalmazo, und
Mondovi gerichtet zu seyn, daher man die Truppen in jenen Gegenden ansehnlich verstärkte.
Plötzlich aber steckten sie am 18. Aug. ihr zu
Forcy gegen Mondovi gehabtes Lager in Brand,
und zogen sich zurück. Schon vorher am 13.
und 14. Aug. hatten sie auf der Seite des Thals
von Limone ihre Magazine und Kranken zurück
gebracht, und verließen hierauf die dortige Gegend,
und die von Tenda, und zogen sich gegen Nizza.
Am 15. Aug. wurde der französische Posten auf
dem Hügel Vacaville, von wo aus die alliirten
Trup-

Truppen öfters beunruhigt worden waren, an=
gegriffen, 70 Gemeine, und 5 Offiziers gefangen,
eben soviel getödtet, und der Posten von den
Piemontesern besetzt. Nach einigen Tagen Ruhe,
und als die französischen Generale Verstärkung
erhalten hatten, wurde wieder ein Hauptunter=
nehmen gegen Piemont projektirt. Ein starkes
feindliches Korps rückte Anfangs September an
dem Genuesischen Gebiete vor. Es theilte sich in
3 Kolonnen. Die eine zog durch Gura, die an=
dere marschirte gegen Bardinetto, und die dritte
3000 Mann stark unter Gen. Cerboni, besetzte
Finale. Hier sollten auch die Magazine errichtet
werden, wozu der Proviant auf Mauleseln her=
beygeführt wurde. Der 19. Sept. war zum An=
griff bestimmt. Da die Alliirten die Grenzen in
einem ausgedehnten Cordon zu vertheidigen hat=
ten, so wollten die Franzosen ihr gewöhnliches
Manöver machen, nemlich die beyden Flügel be=
schäftigen, während sie im Centro durchzubrechen
suchten. Es wurde also am 19. Sept. die ganze
Truppenkette von Mondovi bis Rochetta allar=
mirt. Vor Mondovi glückte es dem Feinde An=
fangs die Piemontesischen Truppen zurück zu
drängen; da diese aber Unterstützung erhielten,
und von ihrer Seite die Franzosen wieder an=
griffen, so zogen sich letztere ins Thal Frabosa,
woher sie gekommen, und Tages darauf noch
weiter zurück. Der Hauptangriff war jedoch gegen
das Korps des Gen. Grafen Kolloredo gerichtet.
Da dieser einsichtsvolle General noch in Zeiten
den

den Anmarsch erfahren hatte, so besetzte er die
Anhöhen von Carcaro. Der Feind erschien in
3 Kolonnen. Um 9 Uhr fieng das Gefecht an,
und wurde bald allgemein, und sehr butig. Die
Franzosen gewannen die Anhöhen, auf denen sie
sich ausbreiteten, so, daß sie Abends 7 Uhr den
rechten Flügel der Oesterreicher zwischen Carcaro
und Meleßimo überflügelt hatten. General Argenteau eilte aber sogleich von Mondovi mit Verstärkung herbey, und der Feind wagte es hierauf
nicht am 19ten weiter etwas zu unternehmen.
Aber am 20. Sept. erneuerten sie das Gefecht.
Eine Kolonne griff das Zentrum der Oesterreicher an, während eine andere von 4000 Mann
den rechten Flügel zu umgehen suchte. Um dieses zu vermeiden, und die Franzosen von den
Anhöhen herunter zu locken, zog sich der Graf
Kolloredo nach Dego zurück, wo auch der, an
die Stelle des F. Z. M. Baron de Vins zum
General en Chef der österreichischen Armee ge-
tretene brave General Graf Wallis eintraf.
Die Franzosen folgten in mehreren Kolonnen, und
griffen am 21. Sept. Mittags abermals an,
wurden aber mit einem so lebhaften Feuer empfangen, daß sie zu weichen anfiengen, mit dem
Bajonett aber vollends geworfen wurden. Mit
frischen Truppen rückten sie aufs neue an, und
so formirten sie in 5 Stunden 7 wüthende Angriffe, wurden aber jedesmal geschlagen, und endlich ganz in die Flucht getrieben. Sie verloren
an den zwey genannten Tagen mehr als 3000

Mann

Mann, dahingegen die Alliirten in allem nur
250 Verlust zählten. Nach diesem Siege ließ
Graf Wallis am 22. Sept. die Armee eine
neue Stellung bey Aqui nehmen, um die Zufuhr
zu erleichtern.

Dieses war das letzte Hauptunternehmen der
Franzosen in Italien. Der schon gefallene Schnee,
und der eingetretene Winter bewog sie, ihr ohnehin schweres Unternehmen in Piemont einzudringen, im Jahr 1794 aufzugeben. Sie machten
nicht allein keine weitern Versuche gegen Cairo,
Mileßimo und Ceva, sondern verließen auch die
im Innern des Landes eingenommenen Posten
wieder, und zogen sich an die Genuesische Grenze
nach Ormea und Garresio. Sie suchten nur die
okkupirte Meerküste zu sichern, und warfen an
den Eingängen durch die Appeninen Verschanzungen auf. — Die Stärke der kombinirt Oester-
reichisch-Sardinischen Armee schätzte man übri-
gens in diesem Feldzuge auf 60000 Mann.

Spanien war im vorigen Jahre glücklich gewesen, besonders hatte Gen. Riccardos in
Katalonien zu Ende des Feldzugs den Feind aufs
Haupt geschlagen, hierauf Ville Longue, Collioure,
das Fort St. Elne, und Port Vendres eingenommen, und war bis auf 6 Stunden von Perpignan vorgerückt, welches blos die rauhe Jahrszeit
zu belagern unmöglich machte. Auch zu Anfang
des 1794sten Jahrs waren die Spanier noch
glücklich. Aber in der Folge wußten die Franzosen, was sie durch Tapferkeit, und auf redliche

Art

Art nicht erzielen konnten, durch Uebermacht an
Truppen, und durch erkaufte Verräther zu erlangen, welche alle Spanischen Plane dem Feinde
im Voraus entdeckten, und ihn durch Wege in
Spanien einführten, wo nie ein Einbruch sich
vorzustellen war. Gegen die Navarrische Armee
unter dem Gen. Ventura Caro hatten die Fran-
zösen so wie im vorigen Jahre also auch noch jetzt
immer einiges Uebergewicht. Sie hatten die Anhöhen um Fuentarabia besetzt, und warfen Batterien auf, um den Ort zu beschießen. Um sie zu
vertreiben, formirte der Spannische General am
5. Febr. einen Angriff, sah sich aber nach einem
langen blutigen Kampfe, theils wegen Ueberlegenheit des Feindes an Mannschaft, theils wegen
dessen vortheilhafter Stellung genöthigt, den
Kampfplatz mit 700 Mann Verlust zu verlassen.
— In Katalonien nahm am 9. April der fran-
zöfische Gen. Doppet, Certagne ein, und eroberte
auch darauf Urgele, bey welcher Gelegenheit er
aber selbst getödtet wurde. Indessen war die Lage
der Dinge in Catalonien und Roußillon im Anfange des Jahrs noch immer vor Spanien glücklich. Durch die Niederlagen zu Ende des vorigen
Jahrs war die französische Armee so zusammen
geschmolzen, daß sie vor der von Toulon im An-
zuge begriffenen Verstärkung nichts unternehmen
konnte. General Riccardos beobachtete sie genau,
und hatte Befehl gegeben, wenn die französische
Verstärkung ankommen würde, sie, vor der Vereinigung bey einem Flusse, über welchen sie setzen
mußte,

mußte, anzugreifen. Indessen starb aber der wa=
ckere Riccardos, und der Graf Alexander O=Reilly,
welcher zu seinem Nachfolger ernennt worden war,
gab zu Valenza kurz darauf, an der unter der
Armee graßirenden Krankheit ebenfalls den Geist
auf. Das Oberkommando erhielt nun der Graf
de la Union, ein geschickter Offizier Da die
spanische Armee durch Krankheit viel gelitten h.tte,
so sollte der Abgang durch Rekrutirung ersetzt
werden. Der General Union eröfnete am 28.
April in Roußillon den Feldzug, indem er die
Franzosen auf allen Posten zugleich angriff. Die
Schlacht dauerte den 28. und 29. April hindurch,
der Feind wurde mit Verlust von 2000 Mann,
und mehreren Kanonen geschlagen, und gezwun=
gen seine Stellungen auf den Anhöhen zu ver=
lassen. Die Spanier waren zu ermüdet, die Flüch=
tigen zu verfolgen, und aus ihrem Sieg Nutzen
zu ziehen. Dieses verschafte dem französischen
General Dugommier Zeit sich wieder zu sammeln,
und verschiedne detachirte Korps an sich zu ziehen.
Unglücklicher Weise für die Spanier kam noch
in der Nacht aus Navarra und Nizza eine große
Verstärkung beym Feinde an, welcher hierauf
am 30. April mit 60000 Mann die königl. Armee
angriff. Diese theils zu schwach, theils ermüdet,
konnte dem reißenden Strome nicht widerstehen,
und mußte mit Verlust vieler Kanonen, Muni=
tion, Bagage, und gegen 3000 Todter, Verwun=
deter und Gefangener retriren. Boulon, St.
Andre, St. Genie, und Urgeles fielen dem Feinde
wieder

wieder in die Hände. Zwar blieben Collioure, Port Vendre und Bellegarde noch im Besitz der Spanier und Gen. de la Union nahm seine Hauptquartier zu Figueras, — aber von nun an gieng alles unglücklich, und alles im vorigen Feldzuge auf dieser Seite den Franzosen Abgenommene, fiel diesen nach und nach wieder in die Hände. Am 25. und 26. May wurde das Fort St. Elme und Port Vendre von den Spaniern geräumt, und hierauf rückten die Franzosen vor die kleine Festung Collioure, eroberten die verschiednen Werke und Forts, und da vollends der feindliche Viceadmiral Castagnet mit mehreren Kanonier Böthen vor dem Platz ankam, so kapitulirte die 6000 Mann starke Besatzung unter Gen. Navarro am 26. May. Die Besatzung streckte das Gewehr, verpflichtete sich nicht mehr gegen Frankreich zu dienen, und sollte demnächst gegen eine gleiche Anzahl französischer Kriegsgefangener ausgewechselt werden.

Am 16. Juny fiel bey Perpignan und Figueres eine hitzige Aktion zwischen einem Korps spanischer Reuterey und Franzosen vor. Anfangs hatten die Spanier die Oberhand, als aber die Franzosen von zwey Seiten Unterstützung erhielten, mußten erstere weichen; — jedoch erlitte der Feind dabey einen etlich 100 Mann betragenden. Verlust, selbst der Gen. Labarre blieb dabey.

Der französische General Dugommier rückte nach dem obigen glücklichen Fortschritte gegen die im vorigen Jahre von Spanien eroberte
Festung

Feſtung Bellegarde an, ſchloß ſie ein, und foderte den Kommandanten Vaillefantoro am 31. May und 15. July, aber vergeblich, zur Uebergabe auf. Um dieſe Zeit reſignirte der kommandir. ſpaniſche General in Navarra D. Caro, an deſſen Stelle der Vicekönig Graf Kolomera das Oberkommando erhielt, unter ihm aber kommandirten der Gen. Lieut. Urrutia in Biscaya, und Oßuna in Navarra. — Am 25. July rückten 16000 Franzoſen unter General La Borde, durch Verräther geführt, gegen die am rechten Ufer des Bidaßoa-Flußes gelegenen Höhen, und durch feſte Verſchanzungen noch verwahrten Bergſpitzen an, und eroberten, da die Spanier ſich gar nichts vermuthet hatten, dieſe feſten Stellungen, vertrieben die Beſatzung daraus, und gebrauchten das Geſchütz gegen die Spanier ſelbſt. Zu gleicher Zeit mußte General Fregeville Fuentarabia bombardiren, und am Bidaßoa-Fluße wurde eine kleine Flotille poſtirt, — welches alles die ungefaßten Spanier gänzlich verwirrt machte. Die Feinde bemächtigten ſich des Thals Baßan, verſchiedner Lager, Aldudes, Vera, St. Jean de Luz, Chalar, und faſt des ganzen Thals Berrain, der Forts Maya und St. Barbe, der furchtbaren Verſchanzungen der Berge Commißari, Berdarey, Espigny und Marie Luiſe. Sie erkauften jedoch dieſe Vortheile mit einem Verluſte von beynahe 1000 Mann. Die Spanier verloren faſt eben ſoviel. Am 29. July darauf rückte der feindliche General Monſey mit 6000 Mann im Thal Berrain weiter

H   vor,

vor, griff die spanischen Verschanzungen an,
eroberte sowol diese als auch die Forts St. Mar-
tial und Figuier, und machte etliche 100 Gefangene. Die Spanier zogen sich nach St. Sebastian. Fuentarabia wurde nochmals bombardirt, und ergab sich am 29. July. Die 700 Mann
starke Besatzung wurde Kriegsgefangen, 50 Kanonen 2c. fielen dem Feinde in die Hände. Eine
andere französische Kolonne nahm mitlerweile
Oyarsum weg, und wendete sich gegen den See-
hafen Paßage. Kurz darauf fiel auch der Hafen
St. Sebastian in französische Hände, den die
Spanier vorher gerdunt hatten, und der Feind
machte Anstalten noch weiter vorzubringen. Diese
bedenklichen Aussichten, bewogen des Königs in
Spanien Majestät alle waffenfähige Mannschaft
aufzubiethen, und es versammelte sich wirklich
eine Armee von der man hätte vermuthen sollen,
sie würde die weitern feindlichen Anschläge vereitelt, indem die Bergengen durch welche die Franzosen allein gehen konnten, mit Mannschaft und
Verschanzungen befestigt wurden. Dessen ohnerachtet griffen sie am 9. Aug. in der früh alle
Verschanzungen zugleich mit äußersten Wuth an.
Das Gefecht dauerte 6 Stunden, und war sehr
mörderisch, endlich mußten auch hier die Spanier
mit 3000 Mann Verlust weichen, unter denen
General Casaviello. Zwar verloren die Franzosen
noch mehreres Volk, dies hinderte sie aber nicht
Tolosa einzunehmen, und auch Plasenzia zu besetzen. Bey dieser dringenden Gefahr mußte alle
                                      waffen-

waffenfähige Mannschaft in Biscaya und Na=
varra zu den Waffen greifen, um das fernere
Vorbringen des Feindes aufzuhalten.

Die Belagerung von Bellegarde wurde, in=
dessen vorgedachte Vorfälle sich auf einer andern
Seite ereigneten, von deu Franzosen lebhaft fort=
gesetzt. Die Festung zu entsetzen, unternahm Gen.
de la Union am 15. Aug. mit 40000 Mann.
Die Feinde waren etwa 50000 Mann stark, und
die Schlacht eine der blutigsten in jenen Gegenden.
Die Spanier attaquirten in mehreren Kolonnen,
erstiegen die französischen Verschanzungen, und
eroberten mehrere Kanonen. Auf 3 Seiten wa=
ren sie siegreich, nahmen eine Anhöhe mit samt
den Bätterien ein, und richteten die eignen Ka=
nonen des Feindes wider ihn. Der feindliche
General Mirabel blieb, und alles kündigte einen
Sieg wider die Frankreicher an, — aber plötzlich
griff der Feind mit einem frischen Korps Truppen
das spanische Observationskorps an, und warf es
über den Haufen. Dieses brachte die übrigen
Truppen in Unordnung, die eroberten Schanzen
giengen wieder verloren, und die Franzosen be=
haupteten ihre Stellung. General Union hatte
zu Figuera 500 Munitionswagen, für die Festung
bestimmt, von diesen wurden dennoch eine Anzahl
in die Stadt gebracht. Der Verlust von beyden
Seiten war beträchtlich, und betrug bey den
Spaniern 2500, bey den Franzosen aber 4000.
— Die Belagerung von Bellegarde wurde durch
diese Schlacht zwar in etwas unterbrochen, her=

H 2 nach

nach aber desto lebhafter wieder fortgesetzt, und
mußte sich endlich am 15. Sept. ergeben. Die
Besaßung aus 1000 Mann bestehend, ward
Kriegsgefangen, 68 Kanonen ꝛc. fielen hier in
Feindes Hände. Auf diese Art war nun alles
wieder verlohren, was die Spanier im vorigen
Jahre von Frankreich mit so vieler Mühe erobert
hatten. — Es blieb aber nicht dabey. So sehr
auch die spanischen Armeen in Catalonien, Navarra und Biscaya verstärkt wurden, so riß der
Geist der Unordnung, und eine Art von Furcht
doch so sehr unter ihnen ein, daß es von nun an
noch unglücklicher gieng. Der Graf de la Union
ließ durch den Brigadier Taranco am 21. Sept.
den vom Feinde besetzten Berg Monroch mit
60 0 Mann angreifen. Alles gieng gut, der Feind
wurde belogirt, und man versprach sich einen er-
wünschten Erfolg. Auf einmal ergriff die Spanier
ein panisches Schrecken, sie warfen die Gewehre
weg, und flohen. Weßwegen auch Gen. Union
mehrere hinrichten ließ, und aus Mißvergnügen
über die Unfälle das Kommando abgab. An
seine Stelle wurde General Rubbi kommandi-
render General in Katalonien. — Zur nemlichen
Zeit wurde Gen. Urutia in Navarra angegriffen,
und geschlagen, weil auf einmal 4 Bataillons
seines Korps die Flucht ergriffen. Auch General
Oßuna wurde attaquirt, und ob ihm gleich ein
Korps aus Arragonien zu Hülfe kam, welches
dem Feinde Abbruch that, so mußte er sich doch
mit Verlust der Artillerie und Bagage zurückziehen.

stehen. An beyden Orten hatte man an Todten, Verwundeten und Gefangenen 3000 Mann Verlust. Die wichtigen Niederlagen zu Irati, und die Güßereyen von Equi und Orbaycette fielen in Feindes Hände, der sogar vor Pampelona rückte. — Die letzten Vorfälle in Navarra ereigneten sich zu Ende Novembers. Die Spanier griffen am 24 und 25. verschiedne französische Kolonnen, welche vom Bergsteigen, Regen und Schnee ermüdet waren, an, in Hofnung sie zurück zu treiben. Es glückte aber auch diesesmal nicht, und die Franzosen setzten die Belagerung von Pompelona aufs lebhafteste fort, besetzten auch Ascutia und Aspatia. Die üble Witterung nöthigte die Spanier in die Winterquartiere zu gehen.

Auf der Seite von Katalonien gieng es nicht weniger blutig her. Am 17. Nov. griff General Dugommier die spanische Armee auf beyden Flügeln, und im Zentro an. Auf dem rechten Flügel, und im Zentro behaupteten sich die Spanier; aber ihr linker Flügel wurde total geschlagen, mehrere Kanonen, Zelten ꝛc. fielen dem Feinde in die Hände, und der spanische Verlust an Todten, Verwundeten und Gefangenen betrug mehr als 3000 Mann. Jedoch verlor der Feind auch wenigstens 2000, worunter der kommandirende Gen. Dugommier. Kaum hatten die ermüdeten Spanier zwey Tage ausgeruht, als der neue kommandirende französische General Perignon am 20. Nov. den Gen. D. Rubbi neuerdings mit aller Macht anfiel, und diesesmal seine Haupt-

H 3   stärke

stärke gegen den rechten Flügel wendete. Nach einem 4stündigen äußerst hartnäckigen Gefechte flohen endlich die Spanier, und eine Menge Bagage, Zelten, Kanonen ꝛc. fielen dem Feinde in die Hände. Ihr Verlust betrug auch diesesmal etliche 1000 Mann. Der feindliche mag nicht geringer gewesen seyn, da der Angriff gegen Verschanzungen, Redouten ꝛc. geschehen mußte. Noch war aber hier das Ziel der französischen Eroberungssucht nicht. Am 21. Nov. drangen die Feinde wider die spanischen Verschanzungen, hinter welchen die Armee gelagert war. Sie stellten mehrere Linien vor, und es waren über 80 Redouten, von etlich 30000 Mann vertheidigt. Der durch das gewöhnliche Mittel zur Wuth, Raserey und Verzweiflung gebrachte Franzos mußte alle diese durch Natur und Kunst befestigten Verschanzungen mit dem Bajonette angreifen, und in drey Stunden waren sie größtentheils erobert. Lager, Zelten und ein großer Theil der Artillerie gieng verloren. Die Spanier setzten sich auf den Anhöhen von Liers wieder, und suchten sich in dem verschanzten Lager unter den Kanonen des festen Schloßes Figuera zu behaupten, allein auch daraus wurden sie vertrieben, das Schloß eingenommen, und die aus etlich 1000 Mann bestehende Besatzung zu Gefangenen gemacht, auch darinn 171 Stück Geschütz, viel Proviant ꝛc. erbeutet. General Perignon wendete sich nun gegen die Festung, und den Hafen zu Rosas, und die Spanier verschanzten sich bey Girona. Rosas wurde

wurde am 15. Nov. förmlich eingeschlossen, und die Belagerung mit außerordentlicher Thätigkeit betrieben. Da der Platz von der Seeseite durch Admiral Gravina, welcher mit 6 Linienschiffen, und verschiednen Fregatten, den ganzen Feldzug hindurch die spanischen Küsten, und Seeplätze schützen mußte, Unterstützung hatte, so vertheidigte er sich lange, endlich da er sich nicht mehr halten konnte, ließ der Kommandant D. Izquierdo das Pulver unbrauchbar machen, die Kanonen vernageln, das übrige einschiffen, und am 7. Jenner 1795 die Festung räumen; blos 500 Mann blieben zurück, welche die Franzosen zu Gefangenen machten. — An den Ereignissen des 1794sten Feldzugs hatten die Portugiesischen Truppen unter ihrem Gen. Forbes wesentlichen Antheil. Eine Eskadre von etlichen Linienschiffen, und mehreren Fregatten war mit der Englischen und Spanischen Flotte vereinigt, und hatte zu den Vorfällen zur See ebenfalls das ihrige beygetragen.

Zu Lande war der Feldzug für die Spanier sehr unglücklich ausgefallen. Glücklicher waren sie zur See: sie erhielten ihre reichen Convoyen, verloren wenige Schiffe, und behaupteten unter ihrem Admiral Gravina in Gemeinschaft mit der Englischen Flotte des Admirals Hood die Oberherrschaft im mittelländischen Meere. — Im Betreff der auswärtigen Besitzungen eroberten die Spanier auch auf der Insel St. Domingo (Hispaniola) das französische Fort Dauphin, machten 1100 Gefangene darinn, und eroberten

H 4

oberten 90 Kanonen. Diese Acquiſition war ſehr wichtig. — Eine in Mexico gegen die Regierung angezettelte greuliche Verſchwörung, wurde glücklich entdeckt.

Das Innere Frankreichs wurde noch immer auch im 1794ſten Jahre durch bürgerliche Unruhen zerfleiſcht. Der Partheyen im Nationalkonvent, des Sturzes des Roberspierre, und der Schreckenmänner, welche ſoviele Veränderungen hervorbrachten, zu geſchweigen, dauerte der bürgerliche Krieg auch noch dieſes Jahr fort. Das Bürgerblut von viel tauſend Franzoſen floß. Das Kriegsglück war abwechſelnd, aber mit auſerordentlicher Wuth wurde zwiſchen den Königlichs-Geſinnten und Republikanern geſtritten. Wenn man die ſogenannten Chuans, wenn man die Vendee, in Paris vertilgt ausſchrie, kamen neuerdings zahlreiche Haufen zum Vorſchein. Die ſogenannte Vendee begriff die Provinzen Bretagne, Normandie ꝛc. Die erſten Generale der ſogenannten Chouans, der chriſtl. Königl. und katholiſchen Armee waren nach dem Tode des la Roche Jaquelin, Charette, Commartin, Stofflet, Japinaud. Den ganzen Feldzug hindurch war eine Landung von Seiten Englands an den franzöſiſchen Küſten, zu Gunſten der Royaliſten im Werke. Es wurden zu dieſem Endzwecke verſchiedne Emigranten Korps geworben, und die ganze Expedition (von Juernſey aus) dem Grafen Moira anvertraut, alleine es blieb aus unbekannten Urſachen im 1794ſten Jahre bloß

sos beym Projekt, — und dieses große Unternehmen vielleicht fürs 1795ste Jahr aufbewahrt.

Zur See behauptete Großbritannien in
Gemeinschaft mit den spanischen Flotten auch in
diesem Jahre die Oberherrschaft. Die englische
Marine wurde immer mehr vermehrt, und auf
einen Grad der Größe gebracht, dergleichen keine
Nation sich noch rühmen konnte. Die vielen
englischen Eskadren blockirten oder beobachteten
die französischen Küsten und Seehäfen, daß dem
gemeinsamen Feinde die Zufuhr von Munition
und Lebensbedürfnißen äußerst erschwert wurde,
und trugen wesentlich dazu bey, daß der Mangel
in Frankreich täglich steigen mußte, — und diese
Eskadern schützten zugleich die englischen Kauf-
farthey-Flotten, so daß im Ganzen genommen,
auch die englische Handlung keinen empfindlichen
Stoß bekam. In Ostindien vernichtete Englands
Seemacht fast ganz den französischen Handel,
und nahm das Etablißement zu Mahe ein,
wofür sich aber die Franzosen an der englischen
Kolonie zu Sierra Morena dadurch zu rächen
suchten, daß sie selber einen Schaden von 40000
Pfund Sterling zufügten. Noch glücklicher waren die englischen Waffen in Westindien. Durch
Gen. Krey und des Prinzen Eduard K. H. war
bis 20. Merz die wichtige, einträgliche Insel
Martinique gänzlich eingenommen, und blos
nur allein an Kauffartheyschiffen 125, außer
einem erstaunlichen Vorrath aller Gattungen we-
stindischer Produkte erbeutet. Kurz darauf ergab

H 5

sich

sich auch Guadelouppe, St. Lucie, (auf
welcher kleinen Insel nur an Kanonen 110 gefunden wurden) Desiderade, Marie Galan-
te, und die Insel der Heiligen. Auf allen
diesen Inseln fand man eine so reichliche Beute,
und der Vortheil für den Großbritannischen Handel war so groß, daß man behauptete, die doch
großen Kosten des jetzigen Kriegs bezahlten erstgedachte Eroberungen allein. Sie sind auch in
der That von der äußersten Wichtigkeit für Frankreich, und dessen Handel, denn, der übrigen Vortheile nicht zu gedenken, so gewann es dadurch
blos an baaren Geld jährlich vom Auslande gegen 50 Millionen. Von dem großen Verluste
überzeugt, schickten die Franzosen auch gleich auf
die Nachricht davon, Truppen und Schiffe nach
Westindien, um das Verlorne wieder zu erobern.
Es gelang ihnen wirklich den Englischen General
Prescot, wegen Mangel an Truppen zu nöthigen,
Guadelouppe zu räumen, — aber sonst konnten
sie nichts ausrichten. Eine unter den Negers auf
St. Lucie angezettelte Verschwörung wurde glücklich vereitelt, und Anfangs Juny wurde sogar
noch durch den englischen General Whyte das
wichtige Fort Port au Prince ꝛc. auf dem französ-
sischen Theil der Insel St. Domingo erobert. —
Guadelouppe wieder vom Feinde zu reinigen, versuchte zwar Gen. Kray im Monat Juny, das
Unternehmen mißlung aber. Als jedoch hernach
in Martinique Verstärkung angekommen war,
wurde zu Ende des 1794sten Jahrs Guadelouppe
durch

durch Admiral Thompson blockirt gehalten. —
Die Oberherrschaft auf dem mittelländischen Meere
behaupteten die Englisch = Spanischen Flotten
vollkommen. Da aus Genua den Franzosen viel
zugeführt wurde, so mußte Admiral Hood meh=
rere Monate lang den Hafen zu Genua blockirt
halten, bis im September sich deßhalb gütlich ver=
glichen, und die Blokade aufgehoben ward. —
Noch machte England eine wichtige Eroberung
durch die Unterwerfung der Insel Corsika.
In Gemeinschafe mit dem General der Corsen
Paoli, welcher von der Landseite agirte, belagerte
man die Festung Bastia zur See durch die
Admirals Hood und Hotham. Nach tapferer
Vertheidigung mußte sich die Festung am 22sten
May ergeben. Nun war nur noch Kalvi den
Franzosen auf Korsika übrig. Die englische Flotte
wendete sich gegen diese Festung; die endlich am
25. July ebenfalls an die Engländer übergeben
werden mußte. Die Besatzung erhielt, nach der
zwischen dem Engl. Gen. Stuart, und französ.
General Kasabianka geschloßenen Kapitulation,
Abzug nach Toulon. Außer vielem Geschütz auf
Korsika fielen den Engländern zu Kalvi 2 Fre=
gatten 2 Briggs, mehrere Kanonier Böthe ꝛc.
in die Hände. Die ganze Insel begab sich unter
Großbritannischen Schutz. — Zu Toulon hat=
ten die Franzosen, nachdem dieser Hafen (man
sehe S. 217 des vorigen Feldzugs) von den
Alliirten wieder geräumt worden war, mit aller
Anstrengung neuerdings eine Flotte hergestellt,
welche

welche mit mehreren 1000 Mann Landungstrup=
pen Anfangs Juny von Toulon auslief, um der
Insel Korsika zu Hülfe zu kommen. Aber Sturm,
und die englische Flotte des Admirals Hood, wel=
cher den Franzosen sogleich entgegen segelte, be=
wog den französischen Admiral in den Meerbu=
sen von St. Juan zu fliehen, in welchem er bis
in Monat September von den Engländern blos
kirt gehalten wurde. Sturm nöthigte die Eng=
länder zuletzt die Blokade aufzuheben, —
und die Franzosen giengen hierauf wieder nach
Hauße, nach Toulon zurück.

Das wichtigste jedoch, was die englische Macht
zur See in diesem Feldzuge auszeichnete, und wo=
durch der Ruhm der englischen Marine in ihrem
ganzen Glanze erschien, führte Lord Howe mit
der großen Flotte aus. Dieser Admiral gieng
mit 32 Linienschiffen und mehreren Fregatten am
2. May von St. Helens unter Segel; er beglei=
tete alle nach Ost= und Westindien, dem mittel=
ländischen Meere und Nordamerika bestimmten
Kauffartheyflotten. Schon am 23. April vor=
her hatten 4 englische Fregatten mit 4 französischen
westlich von Guernsey ein hitziges Seetreffen ge=
habt, in welchem die Engländer siegten, 3 große
französische Fregatten von 44, 36, 22 Kanonen
eroberten, und 900 Matrosen zu Gefangenen
machten. Sechs Linienschiffe der großen Howi=
schen Flotte unter Admiral Montague trennten
sich von der Hauptflotte um die Kauffarthey=
flotten zu konvoyiren, und Admiral Howe, 26
Linien=

Linienschiffe stark, wendete sich gegen die große französische Brester Flotte, von welcher er erfahren hatte, daß sie wenige Tage zuvor in See gegangen sey. Gefechte zwischen einzelnen Schiffen nahmen schon am 28. May ihren Anfang. Die große Seeschlacht aber, die größte des jetzigen Jahrhunderts wurde erst am 1. Juny 140 Seemeilen osthalbnordwärts von Queßant, geliefert. Lord Howe griff die französische um 1 Linienschiff und etliche Fregatten stärkere Flotte an, und nach einem Gefechte von einer Stunde, floh das französische Admiral Schiff der Berg mit allen Schiffen welche noch segeln konnten, und überließ den Engländern 10 — 12 zerschossene und entmaßete Linienschiffe: 1 Linienschiff war schon während des Gefechts gesunken. Die englischen Schiffe waren theils zu entfernt, theils noch im Gefecht begriffen, oder selbst beschädigt, und dieses machte, daß noch 3 von obigen französischen Schiffen mit der Flucht durchkamen, und also nur 7 feindliche Linienschiffe wirklich in brittische Hände fielen, von denen aber noch eines gerade, als es in Besitz genommen wurde, sank. Der Ueberrest der französischen Flotte, übel zugerichtet, floh nach Brest zurück, und Admiral Howe, dessen Schiffe ebenfalls gelidten hatten, segelte nach Spithead, um den Schaden wieder ausbessern zu lassen. Admiral Howe unternahm während des 1794sten Jahrs noch mehrere Kreuhzüge, die große Brester Flotte der Franzosen aber kam nicht mehr zum Vorschein. Die Größe, den Ruhm der englischen Marine noch

mehr

mehr zu befestigen, blieb dem 1795sten Feldzuge vorbehalten.

Den Krieg gegen Großbritannien, in andern Welttheilen, und zur See ausgenommen, haben die Franzosen, welches wirklich nicht zu läugnen ist, auf dem festen Lande, mit ihrer durch die härtesten Zwangsmittel erzwungenen Uebermacht, im 1794sten Feldzuge außerordentliche Fortschritte gemacht. Wo ist leicht ein Krieg aus der Geschichte aufzuweisen, in welchem in einem Jahre 23 Belagerungen glücklich geführt, 6 entscheidende Schlachten gewonnen, 2800 Kanonen erbeutet, an 60000 Mann Gefangene gemacht, und 144 Städte erobert worden wären! welches alles die Franzosen im 1794sten Jahre glücklich ausgeführt haben. Nur allein der Theil von Deutschland, welcher vom Feinde bis itzt besetzt ist, (die Niederlande als Burgundischen Kreis gerechnet), hat durch die unerhörten französischen Erpreßungen an Kontributionen und Requisitionen 180 Millionen Gulden bezahlen müßen, wobey der Schaden an Holz, das genommene Metall, Leinwand, Tuch, die Einbuße an Aßignaten, das konfiszirte Vermögen der Entwichenen rc. noch nicht einmal in Anschlag gebracht ist, und mit welchem die ganze Summe sicher auf 200 Millionen Gulden steigt. Ueberlegt man nun, was in Italien, Spanien, und letztlich in Holland rc. auf ähnliche Art erpreßt worden ist, so steigt das Ganze auf eine außerordentliche Summe, welche, wenn sie gleich Frankreich wenig zu Guten gekommen, meistens

ver-

verſplittert und verſchwendet worden iſt, auch zu
den unerhörten Ausgaben der Franzoſen nur als
kleiner Zuſchuß zu betrachten, dennoch ein außerordentlicher Gewinn für Frankreich und Verluſt für die Alliirten iſt. Die Lage Frankreichs
ſollte alſo beym erſten Anblicke ſehr glänzend ſchei-
nen. Bedenkt man aber, daß nach eignen Be-
richten der Deputirten des Nationalkonvents
von den 1200000 zu den Waffen gezwungenen
Menſchen, im vorigen Feldzuge, (die Winterkampagne gegen Holland ohngerechnet) 480000 und
mit dem holländiſchen Verluſte 530000 Soldaten
vor den Feinden, und durch Krankheiten umgekommen ſind; — daß dieſer Abgang, nachdem das
Schreckens Syſtem, das Reich der Guillotine
aufgehoben, nicht mehr zu erſetzen iſt, folglich die
Uebermacht täglich geringer wird; — daß hingegen die alliirten Mächte keineswegs in dem Grade
wie Frankreich durch den erlidtenen großen Verluſt an Menſchen ꝛc. erſchöpft ſind; — daß die bisher auf den Krieg verwendeten Koſten, und deßfalls erſchaffenen Aßignaten ſchon weit die Kräfte
Frankreichs überſchreiten; — daß nach dem eignen Geſtändniß der Franzoſen in den erſten Monaten des 1793ſten Jahrs die monatliche Aus-
gabe die Einnahme um 421, 771, 388 Livres
überſtieg, alſo das jährliche Defizit in 5 Milli-
ards beſtehen wird, eine Summe welche alle Mächte
Europens nicht haben, und die beyweiten mehr
beträgt, als der ganze franzöſiſche Boden werth
iſt, und wo folglich die Fortſetzung des Kriegs,

da

da aller Credit fehlen muß (wie man schon an
den Aßignaten sieht) in die Länge unmöglich wird;
— daß selbst die gegenwärtige N. Convention,
und herrschende Parthey noch ungewiß und schwan-
kend ist, heute Dekrete erläßt, und morgen wieder-
ruft; — daß die Hungersnoth und Verwirrung
in den Finanzen täglich höher steigen muß, —
je größer die Zahl derjenigen Hände wird, welche
durch Fortsetzung des Kriegs dem Ackerbau ꝛc.
entzogen werden; — daß die Größe des Solda-
tenstandes der Anzahl der Bevölkerung angemessen
seyn müße, und sobald dieses Verhältniß über-
schritten wird, das Verderben der ganzen Nation
die unausbleibliche Folge ist; — und daß endlich der
innerliche Krieg noch nicht gedämpft ist, sondern
durch Unterstützung Großbritanniens noch die
bezielte Gegenrevolution in Frankreich hervorbrin-
gen kann; — — bedenkt man, sage ich, alle diese
Umstände, so dürfte, deucht mich, der unwider-
sprechliche Schluß daraus folgen: Daß durch
Ausdauern, durch gemeinsames Zusammenhal-
ten, und enge Vereinigung der Kräfte der alliirten Mächte, Frankreich, des bisherigen Glücks
der Waffen ohnerachtet, noch immer zu einem
billigen Frieden, und Herstellung einer dauerhaften Ruhe und Regierung könne gezwungen
werden.

Errata

Seite 4 Zeile 17 lese man nach Cortryck: Dornick.

— 5 — 4 statt Streiter: Streitern.

— 18 — 24 statt Ottignies: Dottignies.

— 29 — 6 wiederstehen: widerstehen.

— 29 letzte Zeile ließ Fortschritte.

— 32 — 14 tödteten nicht tödten.

— 41 — 12 Retranchement: Retrenchement.

— 47 — 2 von unten lese man nach Conde: und Landrecy.

— 48 — 14 vor übergeben: am 29. August.

— 48 — 20 setze man zu: Landrecy, welches keinen Widerstand leisten konnte, war schon vorhero geräumt worden.

— 48 — 21 statt dreyer: von vier.

— 53 — 3 nach Mitbrüder : oder

— 56 — 12 statt erhebliche: erheblichen

— 57 — 17 nach Pont: und

— 58 — 13 bleibt nun weg.

— 68 — 3 von unten statt Gen. Krey und Ott, lese man : Gen. Klebeck und Kempf

— 69 — 22 Munition

— 99 — 6 statt ausüben : auszuüben.

— 105 — 2 statt oder : und

— 105 — 3 von unten lese man: ereigneten

— 107 — 19 Manövre nicht Manöver

— 103 — 12 statt erneuerten sie: erneuerte er.

— 108 — 19 statt zum: als

— 108 — 25 — 26 statt mit dem Bajonette aber: und mit dem Bajonett.

Anzeige des Inhalts